基金投资工具箱（图解版）

股震子◎编著

中国宇航出版社
·北京·

图书在版编目（CIP）数据

基金投资工具箱 : 图解版 / 股震子编著. -- 北京 : 中国宇航出版社, 2024.1

ISBN 978-7-5159-2319-2

Ⅰ. ①基… Ⅱ. ①股… Ⅲ. ①基金－投资－图解 Ⅳ. ①F830.59-64

中国国家版本馆CIP数据核字(2023)第230009号

策划编辑　卢　珊　　**封面设计**　王晓武
责任编辑　卢　珊　　**责任校对**　洪　宇

出版发行　中国宇航出版社
社　址　北京市阜成路8号　　**邮　编**　100830
(010) 68768548
网　址　www.caphbook.com
经　销　新华书店
发行部　(010) 68767386　　(010) 68371900
(010) 68767382　　(010) 88100613 (传真)
零售店　读者服务部
(010) 68371105
承　印　三河市君旺印务有限公司
版　次　2024 年 1 月第 1 版　　2024年 1 月第 1 次印刷
规　格　710 × 1000　　**开　本**　1/16
印　张　11.5　　**字　数**　213千字
书　号　ISBN 978-7-5159-2319-2
定　价　45.00 元

本书如有印装质量问题，可与发行部联系调换

前　言

Preface

市面上的基金品种有很多，即使是在同一时段，不同基金品种的业绩表现也大不相同。如果投资者能够了解基金运作和业绩形成的原因，也就明白这些基金业绩起落的原因了。

随着网络的普及与发展，专业投资知识再也不是某些“大咖”或“精英”所独享的了。很多看似较为专业的知识，其实也并没有那么高深莫测。只要掌握了学习方法，学会运用一些专业领域的工具，用不了多久，你也可以成为这个领域的“大咖”。

从长远来看，如果想在投资的道路上走得更长久，就要建立自己的分析体系，人云亦云肯定不是投资的好方法，况且没有人能够随时提供投资指导，能够帮助自己的只有自己。而要建立投资分析体系，一些基金投资工具就必不可少。

既然能被称为工具，就必须符合其最基本的一个特征，即能够帮助投资者达成所要实现的目标。

从基金投资角度来看，基金分类、基金选择、基金诊断、基金定投、基金资产配置等都是投资者需要重点关注的领域。本书甄选了各个领域内经典的分析工具加以介绍和解读，以期帮助投资者快速掌握和应用好这些工具。

这些工具和方法也是投资“大咖”手中的常备武器，更是他们进行投资研究不可或缺的帮手。这些工具能够帮助投资“大咖”们，也一定能够帮助普通投资者。

当然，有了这些工具，只是在投资的道路上不再摸黑前进了，要想让前方更加光明，投资者还需要在实战中不断地学习和提升。

还需要说明的一点是，本书讲解的基金具体品种，均为讲解案例，不构成具体买卖建议。市场有风险，投资需谨慎。

目　录

Contents

第一章
基金投资常用工具

第一节　基金认知工具

工具概述

基金作为一种重要的理财方式，日益受到投资者的喜爱和重视，但仍然有很多投资者对基金还缺乏足够的认识和了解。

工具解读

一、什么是基金

工具概述

基金发行单位通过发行基金份额，把众多投资人的资金集中起来，形成独立的资产，由基金托管人（一般由银行担任）托管，由基金管理人（基金管理公司）负责管理和运作，以获得投资收益和资产增值。

工具解读

现实生活中，当人们有了闲钱之后，就可以做各种各样的投资，比如股票、房产、黄金、债券、期货等，但经常会陷入选择的焦虑中。毕竟作为普通人，不可能在各个领域都成为专家。因此，通过购买基金，让基金经理帮助人们进行投资，就成了最为合理的选择。

基金投资特点

- 集合投资。基金能够将零散的资金汇集起来，并由专业的机构运营，投资各种有价证券和金融工具。
- 分散风险。购买基金就相当于购买了一个投资组合，能够在一定程度上分散风险，实现资产保值、增值。
- 让专业的人做专业的事。相比普通投资者，基金经理在投资领域的经验更为丰富。购买基金就相当于让专业团队为自己打工。

二、收益与风险曲线

工具概述

在基金投资领域，收益与风险往往都是相对出现的。收益越高的产品，可能面临的风险也越大；反之，风险较小，相对安全的产品，其收益往往相对较低。

工具解读

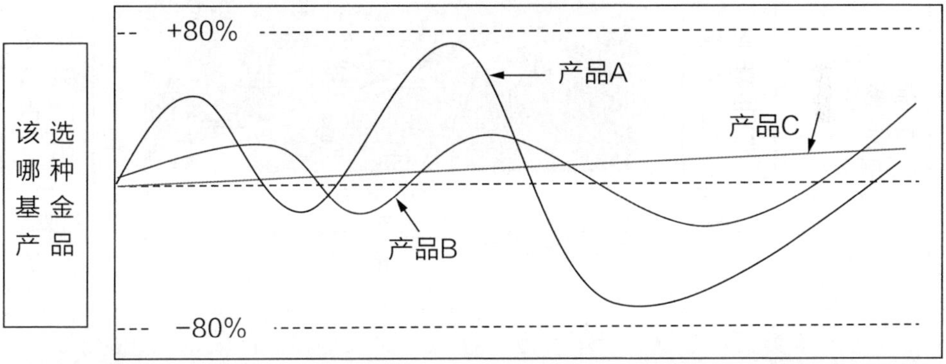

上图给出了简化版的 3 种基金产品收益曲线。其中，产品 A 的理论收益可能达到最大，但也可能会产生最大幅度的亏损；产品 B 的走势相对平缓一些，有着相对较高的收益，并伴随一定的风险；产品 C 几乎没有风险，但收益也可能是最低的。

收益与风险的平衡

- 投资于不同对象的基金产品，带来的收益存在明显差异。投资于股票的基金与投资于国债的基金，收益与风险完全不同。
- 选基金时，不能只看收益的高低，还要考虑自身的风险承受能力。在能承受的范围内，选择合适的基金产品。
- 投资时间长度。越是收益波动较大的产品，越需要长时间持仓才能度过“苦难”的收益“谷底期”。

三、风险偏好与基金选择

工具概述

投资者能够接受的风险程度不同，所期待的收益自然也会有所不同。而基金风格或类型不同，其收益与风险自然也是不同的。比如，偏股型基金的收益曲线波动会非常大，而债券型基金的收益波动则要小很多。

工具解读

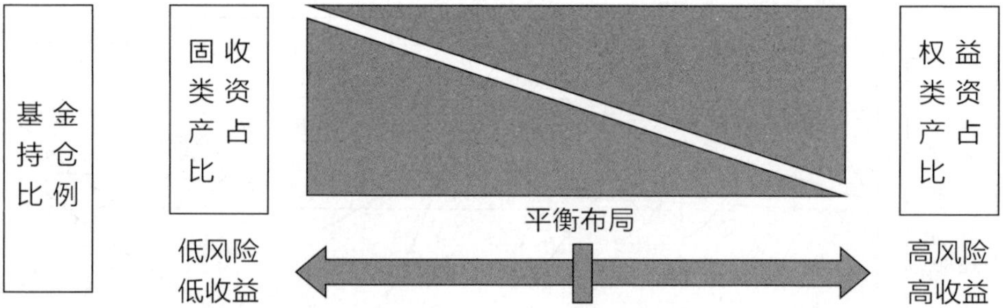

固收类资产：投资于银行定期存款、协议存款、国债、金融债、企业债、可转换债券、债券型基金等固定收益类资产。

权益类资产：包括股票、股票型和混合型基金、权证等。

市场上的各类基金产品本质上都是基于固收类资产与权益类资产的各种组合关系而设计的。投资者看看各类基金的持仓占比，就可以大致了解其风险与收益水平了。

收益与风险的平衡

- 基金持仓中，固收类资产占比越高，基金所承受的风险越小，收益越低；权益类资产占比越高，收益可能越高，风险也越大。
- 对于不想承受风险的投资者而言，以固收类资产为投资方向的债券型基金、货币型基金无疑是较佳的选择。
- 对于愿意承受一定风险的投资者来说，选择权益类资产占比较高的基金品种也是不错的选择。

第二节 基金核心类别

市场上的基金品种非常多，概括起来看，主要包括这样三个类别。

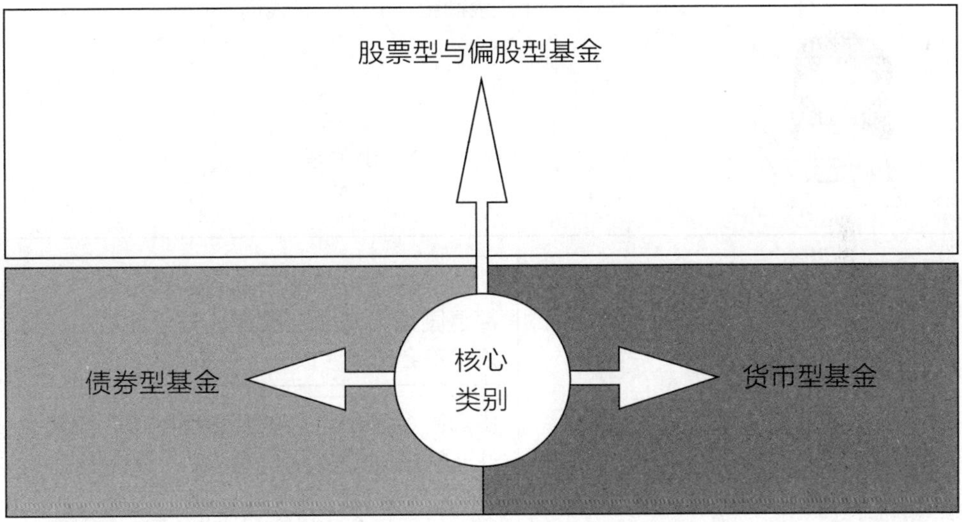

一、货币基金

工具概述

货币基金是指主要投资于短期货币工具（一般一年以内，平均周期为120天）的基金，如国债、央行票据、商业票据、银行定期存单、政府短期债券、企业债券（信用等级较高）、同业存款等。与存款相似。

工具解读

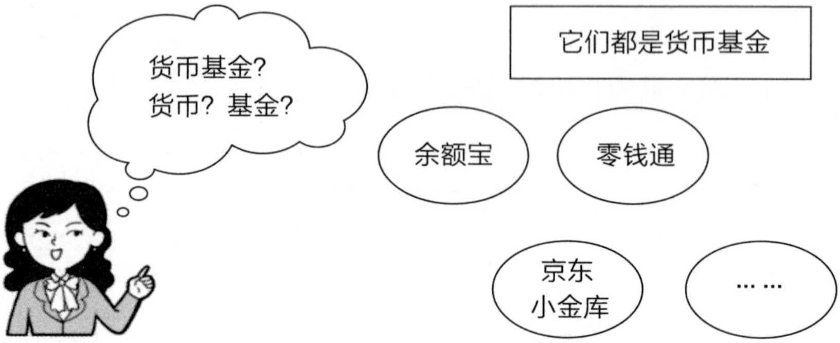

货币基金特点

安全性高	在各类基金中，货币基金因其投资对象都是国债、商业汇票等，安全性极高，几乎不会出现亏损。
流动性好	货币基金基本可以做到随用随取，流动性非常好。
门槛低	多数货币基金的投资门槛为1元，等同于没有门槛。
投资成本低	货币基金没有申赎费用，投资成本低。

与银行存款的区别

货币基金与银行存款，有以下几点区别。

第一，货币基金的收益一般会高于活期存款和短期的定期存款，但一般会低于长期的定期存款（如3年期）。

第二，货币基金的流动性一般会弱于活期存款，但要远远优于各类定期存款。

第三，货币基金本质上还是属于基金，理论上并不保本，且存在一定的风险，但在实际运作过程中，亏损的风险很低。银行存款的风险也极低。

二、债券型基金、可转债基金

工具概述

债券型基金是指主要投资于国债、金融债的基金。相对于股票型基金，债券型基金的收益相对稳定，收益也相对较低，又称为“固定收益基金”。

工具解读

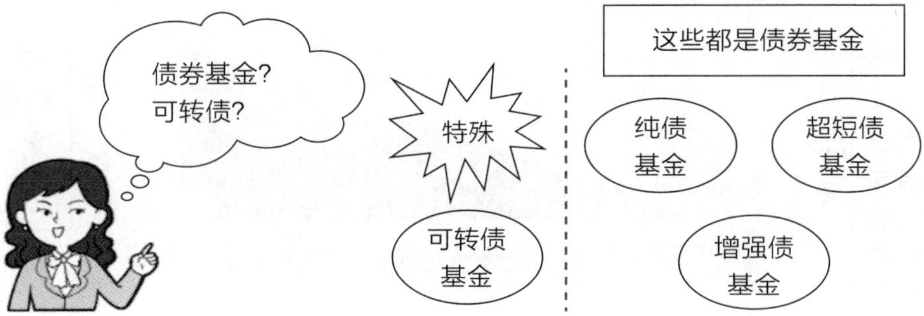

债券基金特点

安全性高	相对于股票型基金，盈利幅度可能不大，但债券基金盈利的概率更高，收益稳定，安全性较佳。
费用低	债券基金的费用要比股票型基金低廉，持仓超过一定周期可能会免除一些费用。
门槛低	多数债券基金的投资门槛为1元，等同于没有门槛。
收益稳定	债券基金一般不会出现大幅盈利或亏损的情况，能够实现长期稳定盈利。

债券基金与可转债基金

相比于其他债券基金，可转债基金是一种特殊的存在。

第一，二者投资对象不同。可转债基金的投资对象并非普通的国债、金融债等产品，而是上市公司发行的可转债。

第二，可转债本身具有债券和股票的双重属性，因而，该类债券的市场价格波动非常剧烈，远超普通债券。

第三，可转债基金的收益可能会高于普通债券基金，但稳定性和安全性肯定要弱于普通的债券基金。

三、股票型基金与指数型基金、混合型基金、平衡型基金

工具概述

股票型基金或偏股型基金，是指投资于股票市场的基金，包括股票持仓不低于 80% 的股票型基金，以及各类含股型基金，如指数型基金、混合型基金、平衡型基金等。

工具解读

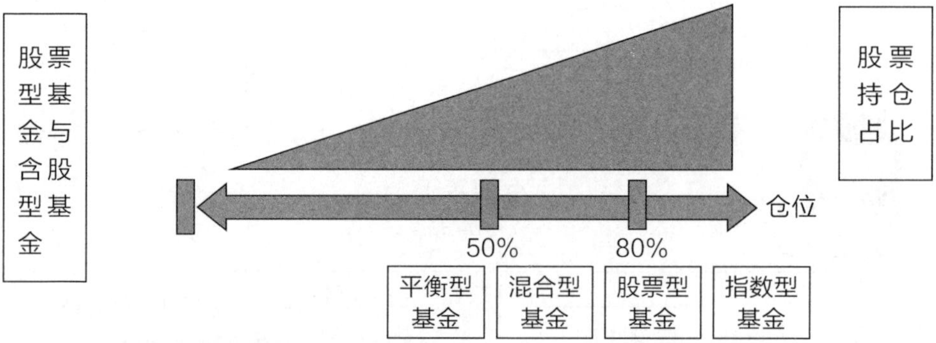

指数型基金：是以特定的指数为标的，并以该指数的成份股为投资对象，通过购买该指数的全部或部分成份股构建投资组合，以追踪标的指数表现的基金产品。

股票型基金：即股票持仓占比不低于 80% 的基金产品。

混合型基金：投资于股票、债券以及货币市场工具的基金。股票持仓占比可能会根据市场环境出现一定的波动。

平衡型基金：既要追求长期投资收益，又要获得当期收入，一般股票与各类债券的持仓占比各占 50% 左右。

收益与风险的平衡

- 相对于投资股票来说，股票型基金或含股型基金能够起到一定的分散风险的作用，且投资费用相对较低。
- 属于典型的中高风险投资品种，可能实现较高的收益，但也存在一定的亏损风险。参与的投资者需要具备相当的风险承受能力。

第三节　基金知多少

你买了什么基金?
华夏大盘精选混合A和中欧嘉益一年持有期混合A。
为什么每只基金都有那么长的名字?简单点儿不行吗?
这可不行，基金名称中各个字段都是有其特定含义的。

一、梳理基金名称的含义

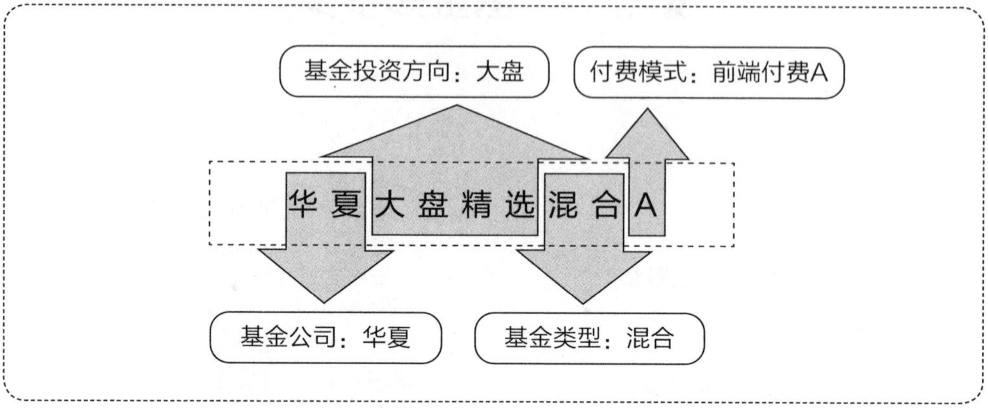

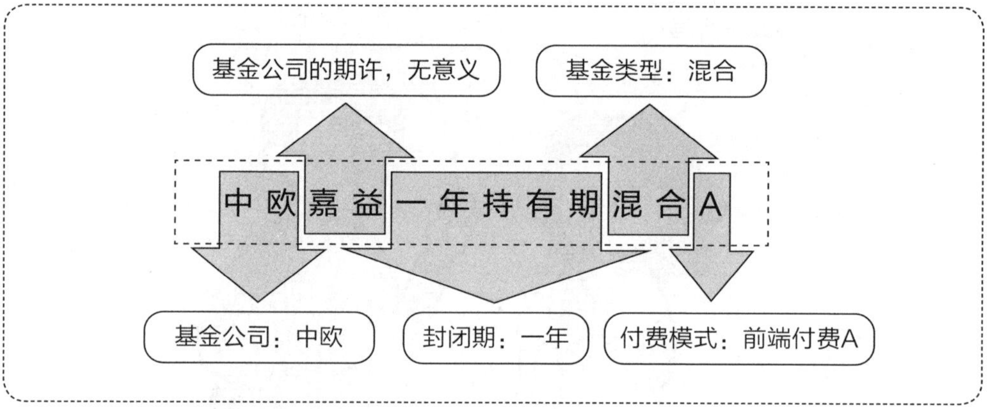

二、基金名称A、B、C

工具概述

货币基金与债券型、股票型基金名称中所带有的 A、B、C 有所区别。不过，通常来说，所标识的都是各类费用收取标准的不同。基金投资所涉及的费用包括管理费用、申购费用、赎回费用以及销售服务费等。

工具解读

货币基金

示例

项 目	中邮货币A	中邮货币B
申购门槛	10元	500万元
管理费用	0.2%(每年)	0.2%(每年)
销售服务费	0.25%(每年)	0.01%(每年)

注：货币基金中A、B（有时会是C）之间的区别主要是在申购门槛和销售服务费方面有所不同。

股票基金、债券基金

示例

项 目	华夏大盘精选混合A	华夏大盘精选混合C
申购费	1.5%	0%
管理费用	1.5%(每年)	1.5%(每年)
销售服务费	0%	0.5%(每年)

注：股票型基金中A、C之间的区别主要是在申购费用和销售服务费方面有所不同。有申购费用的没有销售服务费；没有申购费用的，有销售服务费。投资者选择基金时，可以综合考虑个人预期的持仓时间，持仓时间长的投资者选择有申购费用而无销售服务费的更有利；反之亦然。

三、基金投资风格：成长型、收入型与平衡型

工具概述

具有相同投资方向的基金，也可能会因投资风格的不同而产生不同的收益，并承担相应的风险。市场上，有的基金经理风格比较激进，持仓以成长股为主；有的基金经理则偏保守，选股多侧重于大盘绩优股。这就形成了不同的基金投资风格，如成长型、收入型与平衡型。

工具解读

基金
投资
风格

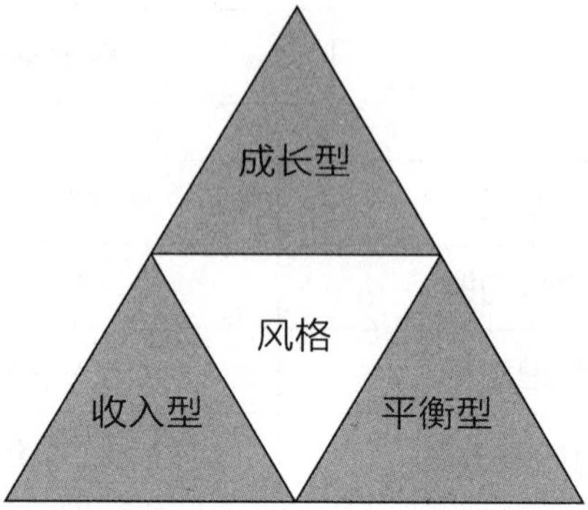

成长型：以追求资金长期成长为目标的基金。该类基金一般投资于成长性较好、信誉较好的上市公司的股票。比如创业板、科创板企业的股票。

收入型：指主要投资于可带来现金收入的有价证券的基金。该类基金以追求稳定收入为核心目标，其投资方向多为绩优股、国债、企业债、可转让大额存单等。偏重于白马股、超级绩优股等。

平衡型：以达到投资风险与收益相平衡为目标的基金。兼顾成长型和收入型基金的特点。

股票名称	持仓占比	涨跌幅
迈瑞医疗	3.18%	-0.44%
贵州茅台	2.86%	-0.24%
旗滨集团	2.64%	0.28%
中信证券	2.62%	-0.56%
东方电缆	2.42%	0.04%
紫金矿业	2.39%	-0.37%
亿纬锂能	2.26%	-0.94%
招商银行	2.13%	-0.27%
宁波银行	2.13%	-0.29%
钢研高纳	2.05%	-0.37%
前十持仓占比合计：	24.68%	

左图为博时平衡配置混合基金的前十只重仓股。

从这十只股票的布局来看，迈瑞医疗、亿纬锂能、钢研高钠属于典型的创业板成长股代表；贵州茅台、紫金矿业、招商银行、宁波银行、中信证券、旗滨集团等都属于典型的绩优股、白马股。另外，该基金还配置了40%的债券。这就是一种典型的平衡配置策略基金品种。

案例解读

四、投资理念：主动型与被动型

工具概述

主动型基金是相对于被动型（ETF）基金而言的。市场上大多数基金都属于主动型基金，即通过基金经理的努力，试图超越市场平均业绩水平。而 ETF 基金则是以追求平均的市场业绩水平为目标的基金，属于典型的被动型基金。

工具解读

基金投资理念

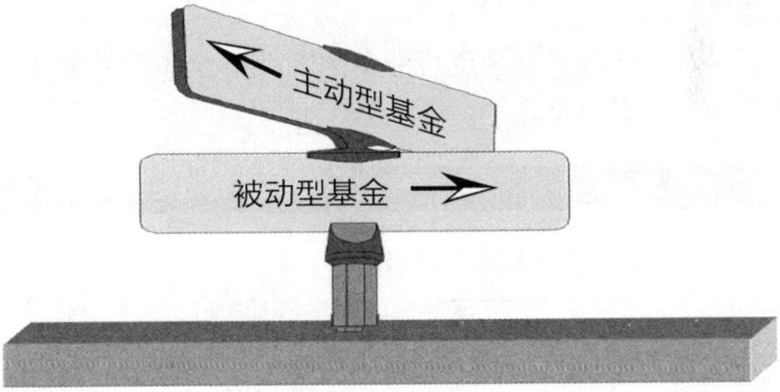

主动型基金

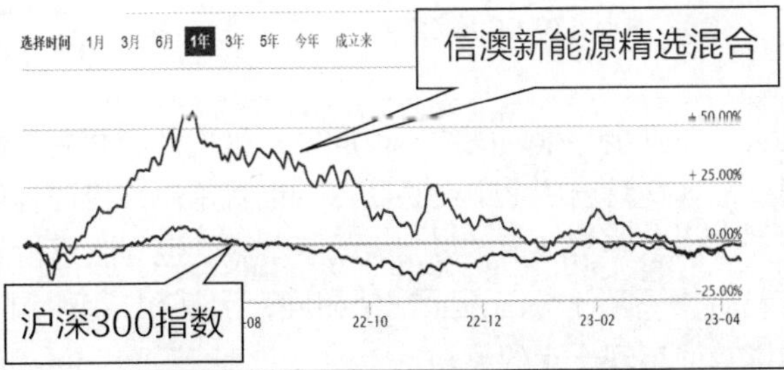

从左图信澳新能源与沪深300指数的走势对比可以发现，主动型基金的收益波动幅度要远远大于市场平均指数。

被动型基金

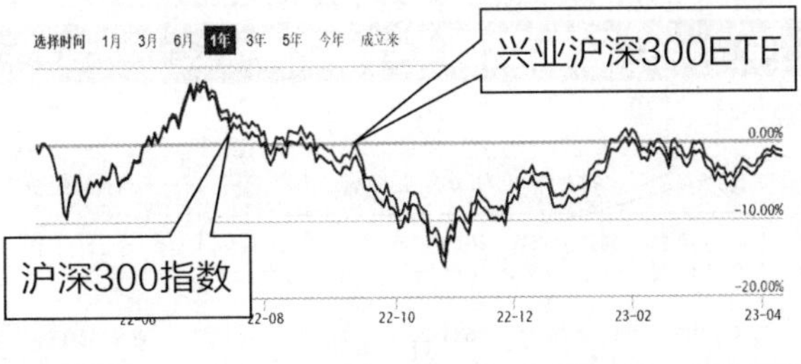

从左图兴业沪深300ETF与沪深300指数的走势对比可以发现，被动型基金的收益波动幅度与市场平均水平几乎完全一致。

五、开放型基金与封闭型基金

工具概述

投资者能否通过一级市场或场外市场随时申购和赎回基金，是判断基金属于开放式基金还是封闭式基金的关键。若能随时申购与赎回，就属于开放式基金；若不能随时申购与赎回，则属于封闭式基金。

工具解读

开放式基金是目前市场上主流的基金运作方式。投资者借助基金销售机构、支付宝、腾讯理财通等移动支付工具可随时申购或赎回的基金都属于开放式基金。

当然，开放式基金也可能在刚刚结束募集时封闭一到三个月，此后才正式转为开放式基金。

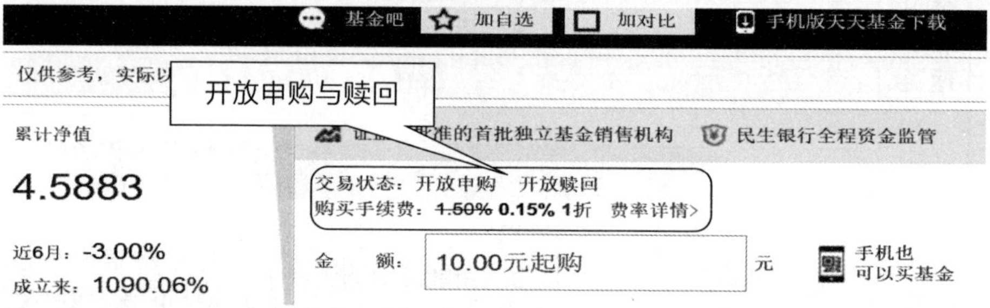

封闭式基金的投资者在基金存续期间内不能向发行机构赎回基金份额，基金份额的变现必须通过证券交易场所上市交易获得。也就是说，投资者可以像交易股票一样，在证券市场上买卖基金。其交易的基本规则也与股票相似。

封闭式基金的交易价格一般不会与基金净值相同，因其在二级市场交易，必然会受到供求因素影响而出现一定的浮动。

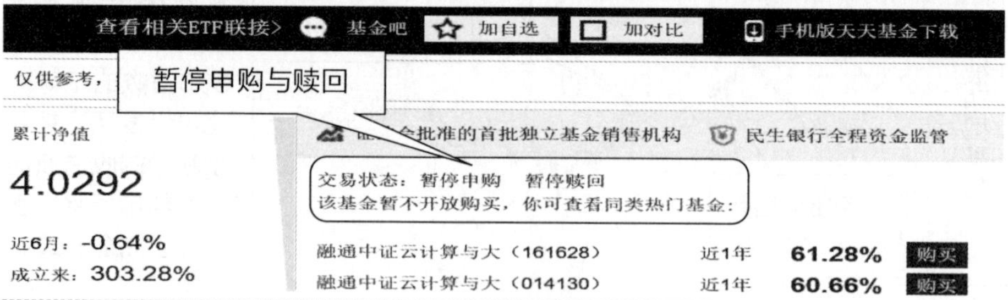

六、其他基金类型：公募基金、私募基金、QDII、QFII

工具概述

除了前面介绍的几种基金分类方法外，还有按照募集对象划分的公募基金和私募基金；跨国投资基金中的QDII基金和QFII基金等。

工具解读

公募基金

公募基金是指以公开方式向社会公众投资者募集资金并以证券为投资对象的证券投资基金。日常生活中常见的基金多数属于公募基金。

私募基金

私募基金是与公募基金相对的概念，私募基金指私下或直接向特定群体募集资金的基金。与公募基金不同，私募基金不接受大众投资，只接受特定群体的投资。一般资金门槛较高。

按募集对象划分

通常来说，公募基金的运作更为透明、规范；私募基金因其设置了较高的门槛，服务更为周到，收益也可能更高。

QDII基金

QDII基金是指在一国境内设立，经该国有关部门批准，从事境外证券市场的股票、债券等有价证券业务的证券投资基金。

QDII是帮助境内投资者投资境外证券市场的基金产品。比如，大成纳斯达克100基金就是一款面向我国投资者的，以纳斯达克100指数为投资对象的QDII基金。

QFII基金

QFII（合格的境外机构投资者）基金，是指允许境外投资者把一定额度的外汇资金汇入并兑换为当地货币，通过严格监督管理的专门账户投资当地证券市场，包括股息及买卖价差等在内的各种资本所得，经审核后可转换为外汇汇出。

目前，很多国外资金通过各类QFII基金投资A股市场的股票。

第四节　基金申购工具

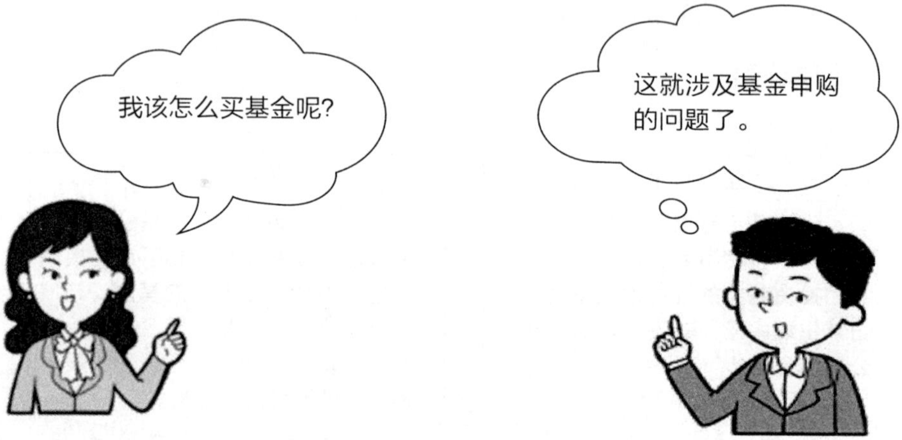

一、基金认购与申购规则

工具概述

认购与申购都是投资者购买基金产品的途径，但二者的基本规则不尽相同。

工具解读

申购与认购都是买入基金

- 发行新基金 —— 认购基金
- 运作中的基金 —— 申购基金

基金认购规则

时间规则	只能在基金募集期内进行认购。募集期从一个月到三个月不等。若认购过于火爆，可能提前结束募集。
认购限额	一般都会有最低和最高认购限额。通常营业部柜台和网上的限额不同，网上的最低限额更低。
短期不可赎回	认购成功后，短期内不能赎回。只有基金结束募集后，过了封闭期才能赎回。
基金份额认定	基金份额认定要扣除一定的费用。10000元的认购资金获得的基金份额肯定小于10000份（1元面值）。

基金申购规则

时间规则	以提交基金申购日（下午3点之前）为T日，那么，在T+1日，投资者申购的基金将被确认份额并计算收益；T+2日投资者就可以借助网站或手机查看到账收益。下午3点之后算下一个交易日申购。
申购限额	很多基金公司都设置了申购的上限与下限。上限从100万元到500万元不等；下限一般为10元到5000元不等。

二、基金赎回规则

工具概述

赎回基金需要重点关注赎回基金的费用、赎回的时间以及赎回的价格计算等问题。

工具解读

赎回基金分几步?

第一步：把基金卖了

第二步：把钱拿回来

基金赎回规则

- 时间规则：基金赎回一般执行T日申请，T+1日资金到账的规则。T日以下午3点为准，超过下午3点，按下一交易日计算。
- 先入先出原则：投资者若是在不同时间分批次申购的基金，在基金赎回时，系统会默认执行先进先出规则，即赎回时，先从申购的第一批基金开始进行赎回操作，并按照第一批基金的赎回费率执行；以此类推。

基金持仓与赎回费用

一般来说，除货币基金外，其他基金的赎回费用都是与持仓时间挂钩的。持仓时间越长，赎回费用越低。

持有时间（天）	赎回费率
0～6	1.5%
7～29	0.75%
30～89	0.50%
90～179	0.50%
180～364	0.50%
365及以上	0.00%

基金持仓与赎回费用案例

某投资者在2022年10月10日申购了10000份A基金；11月10日，再次申购了10000份A基金。11月15日，该投资者申请赎回全部20000份A基金。

以左侧赎回费用为例，则该投资者20000份基金中的前10000份将按照0.5%的赎回费率执行；后10000份按照1.5%的赎回费率执行。

三、基金申购平台选择

工具概述

对于基金投资者来说，可以从很多途径购买基金产品。但各个渠道购买基金产品的费用可能会有所不同。通常来说，柜台的费用相对会高一些，而第三方平台的费用可能会低一点。

工具解读

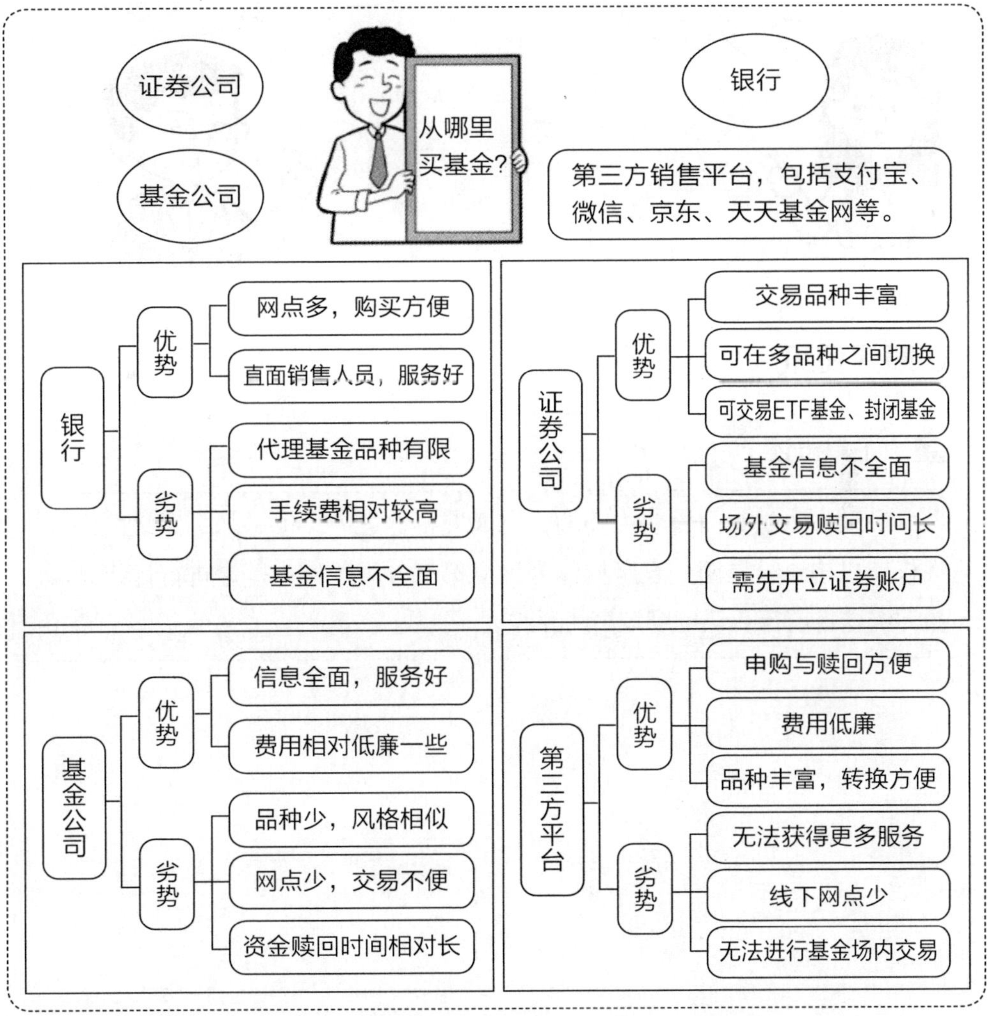

第五节　基金追踪工具

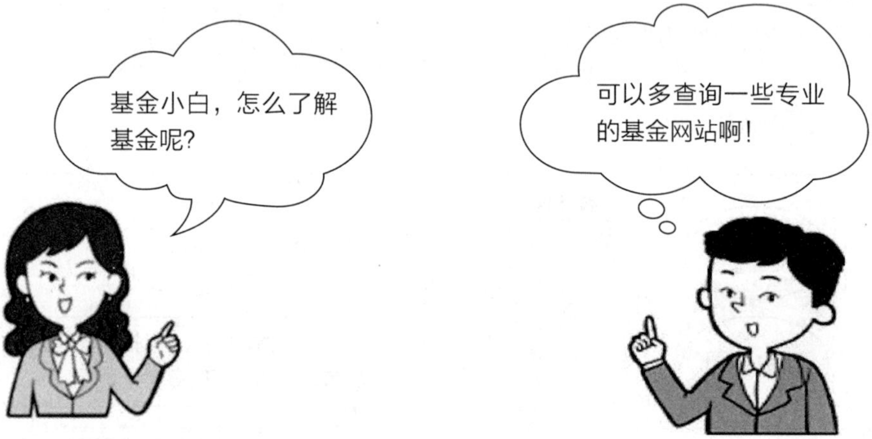

一、晨星资讯

工具概述

晨星公司是美国目前主要的投资研究机构之一，也是基金评级的国际性权威机构。晨星网一直坚持作为独立第三方为股票和基金进行评级。晨星评级是目前行业认可度较高的评级之一。

工具解读

筛选优质基金

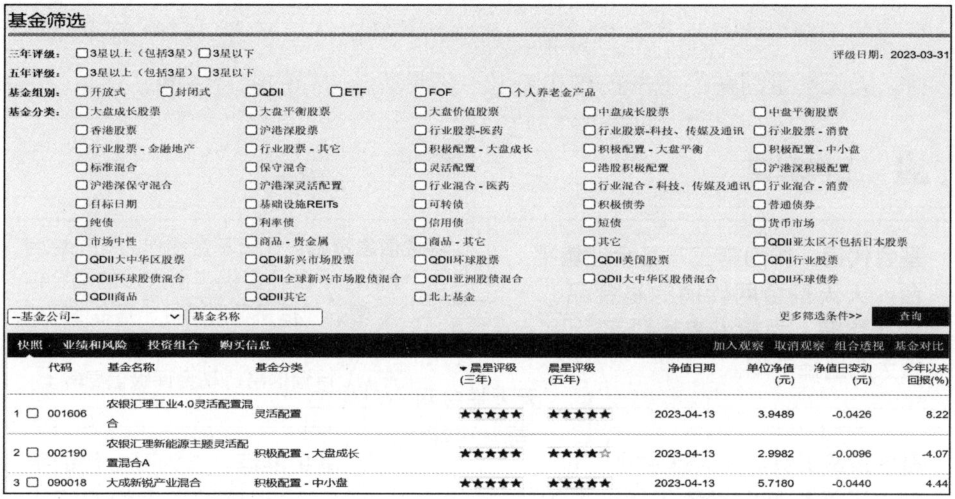

投资者可使用晨星网的【基金筛选器】筛选优质的基金品种。比如，选择基金的评级、基金分类，甚至基金公司等。点击【查询】后系统会在下方给出相关的基金品种、目前的净值等信息。

除了基金筛选器外，晨星网还提供基金对比、基金龙虎榜、组合透视等多种工具。这些都可以为投资者分析和选择基金提供支持。

另外，晨星网每年还会评选出年度基金奖。这些获奖基金都是在上一年度业绩表现优异的品种，可以为投资者提供选择基金方面的支持。

右图为2023年度获奖基金。

基金奖项	获奖基金
股票型	工银创新动力股票 ICBCCS Innovation Power Eq
混合型	广发睿毅领先混合 GF Wisdom & Perseverance Fund
积极债券型	富国稳健增强债券 Fullgoal Steady Enhanced Bond Fund
普通债券型	招商产业债券 CMF Industrial Bond Fund
纯债型	工银纯债债券 ICBCCS Pure Bond Fund

二、天天基金网

工具概述

天天基金网是东方财富网下属的综合类基金信息网站。该网站提供了全面的基金发行与运作数据、基金筛选、费率测算以及各只基金的详细资料。天天基金网是很多基民喜欢使用的获取基金信息的综合性网站。

工具解读

天天基金网基础功能

基金代销。作为第三方基金销售平台，天天基金网代销的基金品种非常多，为投资者提供了很大的选择空间。

基金信息资讯。天天基金网作为一个综合性信息平台，提供了全方位的基金信息。包括新基金发行、基金档案信息、基金经理信息、基金走势与持仓信息、基金评级信息等。

基金投资工具。天天基金网提供了各类基金筛选工具、定投计算、费率计算等相关工具，帮助投资者制订投资决策。

基金推荐。作为基金代销平台，会根据投资者的偏好或市场基金的走势情况，推荐相应的基金品种，以供投资者参考。

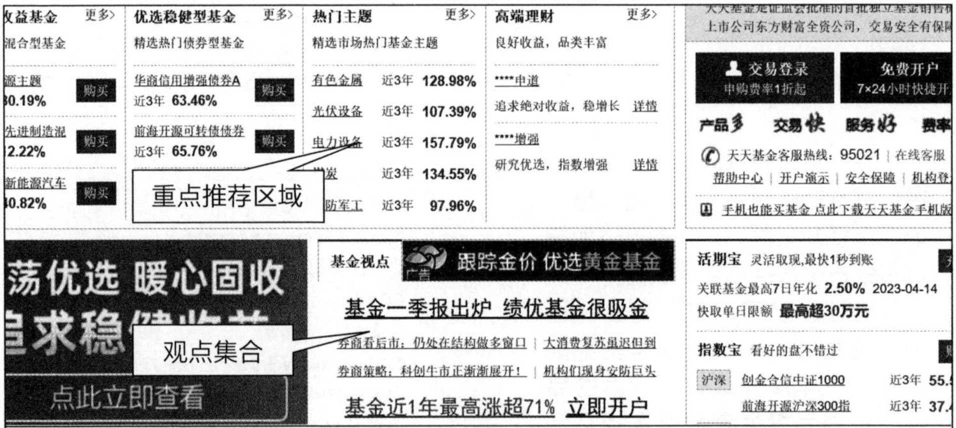

在天天基金网的核心功能区，重点推荐了一些有代表性的基金品种，比如追求高收益基金、优选稳健型基金、热门主题基金以及高端理财等类型的基金品种。这都可以为投资者选择基金产品提供支持，同时还给出了各路投研机构关于基金的各种观点，也可为投资者提供参考。

三、雪球（蛋卷）基金

工具概述

雪球基金，原名蛋卷基金，是雪球网出品的一个基金交易平台。雪球网目前是国内影响力较大的投资者互动社区，因而蛋卷基金 APP 推出后，获得了很多投资者的关注。雪球基金不仅提供了一个基金代销平台，还提供了一些可供参照和选择的基金投资方案。

工具解读

雪球基金基础功能

基金代销。作为第三方基金销售平台，雪球基金有很多合作的基金公司，代销的基金品种也比较多，为投资者提供了很大的选择空间。

基金筛选。作为第三方基金销售平台，雪球基金提供了各类基金筛选工具，如指数基金筛选、QDII基金筛选等工具。

指数估值。这是雪球基金非常有特殊性的一个功能。指数估值可以帮助投资者确认指数低估区域、高估区域，以便于其做出交易决策。

学习社区。雪球基金APP提供的基金内参、基金情报局、追基零距离等栏目，方便投资者学习。另外，雪球基金是以雪球投资者学习社区为依托的，这也是投资者可以加以利用的。

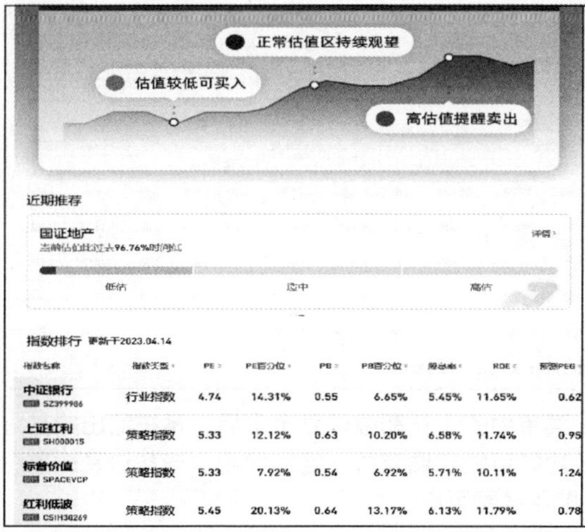

左图为雪球基金【指数估值】策略下的部分页面信息。其整个指数估值策略都是围绕“买什么基金、什么时候买和卖”而设计的。同时还给出了各类指数当前的估值水平，包括PE（市盈率）、PB（市净率）、ROE（净资产收益率）等指标所处的位置等。

四、乌龟量化

工具概述

乌龟量化是以量化分析为基础的投资数据信息网站，涵盖了股票、基金以及市场资金面的各类数据信息。基金投资者可以从该网站获得各类基金数据、行业板块估值以及基金收益回测等数据信息。

工具解读

乌龟量化基础功能

基础数据。该网站系统地给出了各类基金的基金数据。包括各类基金的波动率、夏普比率、回撤比率等数据的排名。

扩展数据。该网站基于各类投资策略给出了相关基金的排名，如长期绩优基金、短期绩优基金、夏普比率高基金、十年优秀基金等。

分析工具。该网站给出了基金对比、组合回撤，根据股票找寻基金以及基金经理筛选等分析工具。

统计数据。该网站包括各类基金IPO数据、基金市场统计、基金平均单位净值、基金持有人结构等。

长期绩优基金_近1年_基金排行　　下载

基础类型：全部 | 长期绩优基金 | 全部：场内外 | 近1年 | 回撤：不限 | 规模：不限 | 上市：不限 | 前5条

沪深300，近1年 -2.38%，波动率 17.32%，最大回撤 -21.96%，收益回撤比 -0.11，夏普比率 -0.30，年化收益率 -2.38%

下方表格中（共5支基金，排除了部分新基金），近1年，涨幅平均值 +26.41%，涨幅中位数 +28.15%。

◎	基金	类型	日期	近1年	波动率	夏普	年化	回撤	回撤比	月度胜率	季度胜率	任职	费率	规模	发行	公司
16	002256. 金信行业优选混合发起式	混合	04.14	+35.33%	+37.62%	0.86	+35.33%	-29.42%	1.20	61.54%	33.33%	2.5	2.00%	3.56	2016.04	金信基金
17	003092. 华商丰利增强定开债A	债券	04.14	+28.80%	+18.62%	1.39	+28.80%	-13.52%	2.13	53.85%	66.67%	3.3	0.98%	1.46	2016.09	华商基金
18	003093. 华商丰利增强定开债C	债券	04.14	+28.15%	+18.62%	1.36	+28.15%	-13.66%	2.06	53.85%	66.67%	3.3	1.30%	1.35	2016.09	华商基金
19	003853. 金鹰信息产业股票A	股票	04.14	+20.12%	+29.25%	0.59	+20.12%	-27.04%	0.74	46.15%	33.33%	1.1	1.82%	8.52	2017.03	金鹰基金
20	005885. 金鹰信息产业股票C	股票	04.14	+19.64%	+29.25%	0.57	+19.64%	-27.12%	0.72	46.15%	33.33%	1.1	2.10%	4.34	2018.04	金鹰基金

⚠数据受限，仅展示部分数据，点击解锁全部数据。

上图为在乌龟量化网选择【基金】菜单中的【长期绩优基金】后，系统给出的基金排行情况。当然，解锁该网站的部分功能可能需要支付一定的费用。毕竟这是一家专业的数据网站，没有交易股票或基金的手续费可拿。

五、且慢

工具概述

且慢是盈米旗下专注于向投资者提供简单、省心的公募基金投资方案的服务平台。与其他基金销售平台不同，且慢没有特别推崇一些短期爆款基金，而是提供争取慢慢盈利的基金投资方案。

工具解读

长盈计划。且慢的主打产品，是著名的基金投资者“ETF拯救世界”在且慢建立的指数基金投资计划。以追求长期复利收益为目标。适合有3～5年闲钱的投资者。

春华秋实。通过权益类、债券类、货币类、另类（含商品、中性）等四大品类的公募基金产品的合理配置，为投资者提供基金投资一站式解决方案。

且慢
核心功能

稳健收益。主要投资于债券市场，股市涨跌对组合整体收益影响不大。涵盖各类固收+产品。

活钱管理。以盈米宝为代表的货币基金投资方案，可满足投资者随用随取的需要。

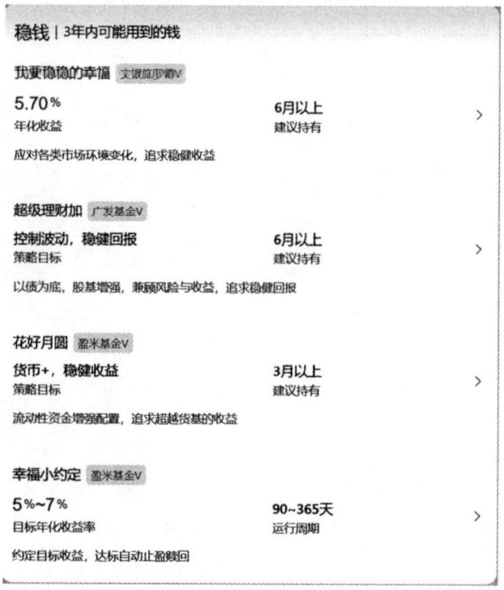

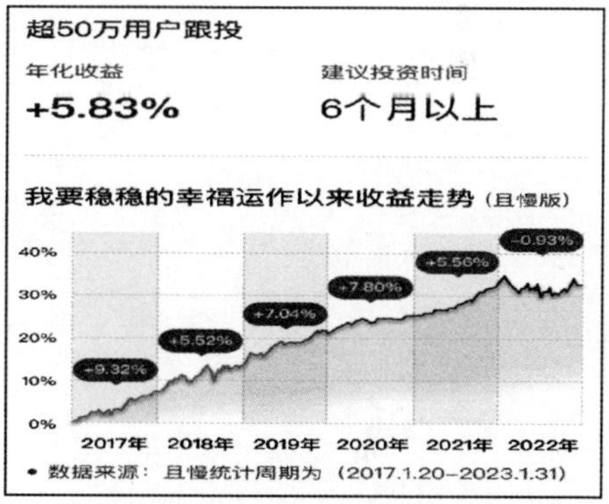

左图给出的是且慢【稳健收益】所提供的投资方案。其中最为知名的就是【我要稳稳的幸福】投资组合，该投资方案最近几年的运作收益如上图所示。

第二章
基金分类工具

第一节　股票型基金

工具概述

股票型基金是指投资于股票市场的基金。在 2015 年之前，股票型基金的仓位限制在 60% 以上。而按照 2015 年的基金仓位管理规定，股票型基金所持股票的总仓位必须达到基金资产的 80%。

工具解读

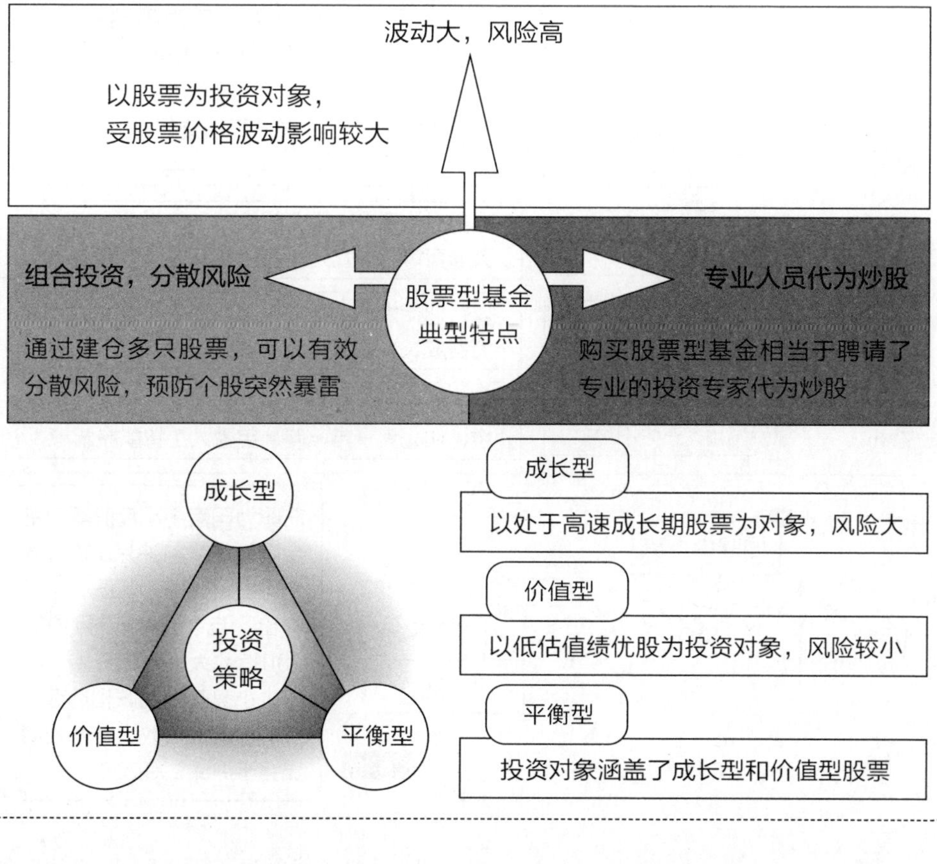

一、投向分析

工具概述

尽管同属股票型基金，但其具体投资方向也会对基金净值的走势产生较大的影响。比如，有的基金偏重于蓝筹股，有的基金偏重于小盘股，有的基金则属于典型的消费行业基金等。

工具解读

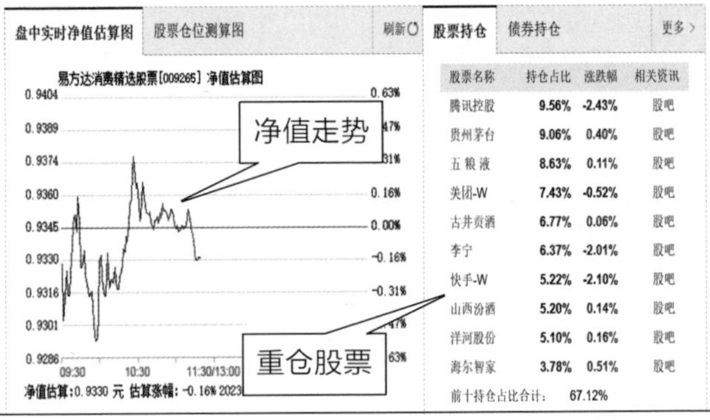

左图为易方达消费精选股票基金的净值走势和重仓股名单。其实从基金名称中也可以看出，该基金的投资对象为消费行业股票。从十大重仓股中也可以印证这一点，毕竟这些同属于消费行业。

分类

- 按市值大小分类：包括以大盘、中盘为投资对象的基金，如摩根大盘蓝筹、国富中小盘股票等。
- 按行业分类：以行业作为股票投资分类标准的基金，如万家消费成长、博时军工主题股票等。
- 按主题分类：以具有相同概念、主题的股票为投资对象的基金，如光大一带一路、宝盈人工智能股票等。

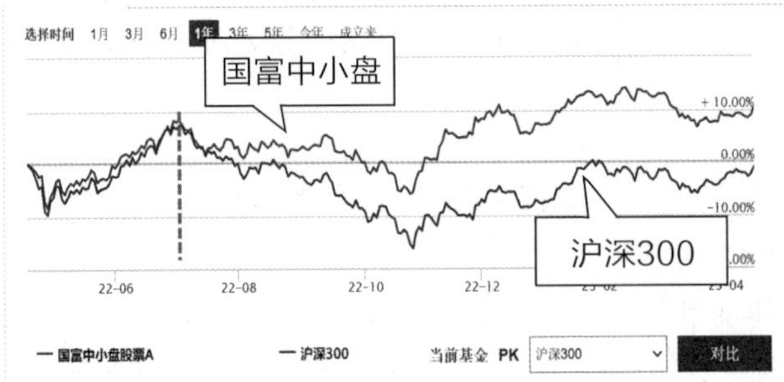

左图为国富中小盘股票型基金净值走势与沪深300指数走势的对比图。从图中可以看出，自2022年7月沪深300指数大幅走低开始，国富中小盘基金的跌幅远远小于沪深300指数，并开始明显强于沪深300指数。

二、波动与交易技巧

工具概述

股票型基金的波动与股票市场的波动关系密切，同时，很多以行业板块、主题板块配置为主的基金还会受行业股票波动的影响，因此，基金净值也会呈现明显的高点与低点波动。投资者适时地进行高低切换，无疑可以将收益最大化。

工具解读

板块轮动

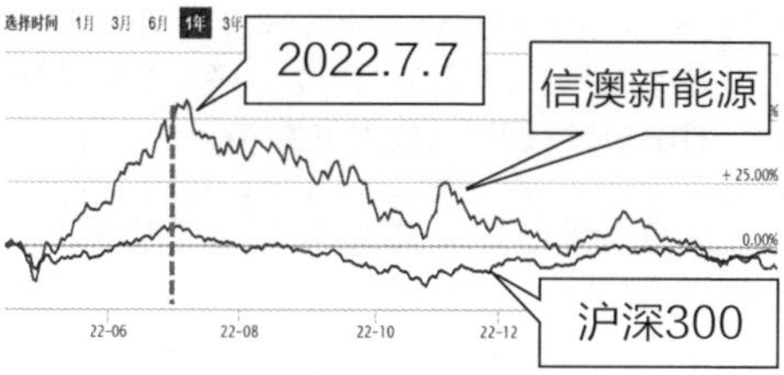

从左图可以看出，在2022年7月初之前，新能源板块属于市场领涨板块，涨幅明显强于沪深300指数。此后，信澳新能源基金净值走低的幅度也要大于沪深300指数。因此，高位减持基金，就是股票型基金操作的必然选择。

进场与离场

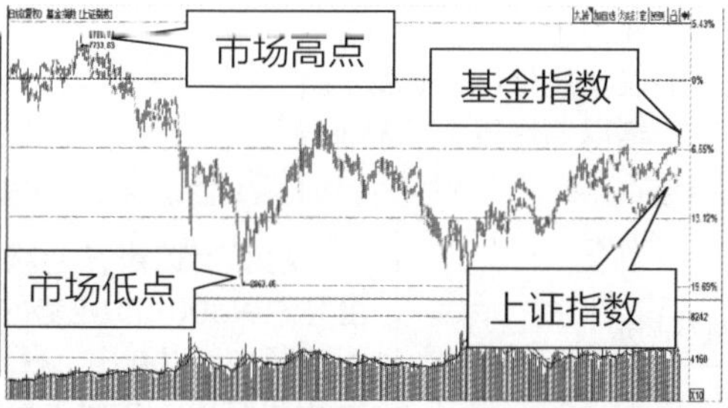

从左图可以看出，基金指数的走势与上证大盘指数的走势基本一致。可见，在净值高点离场，并在底部入场建仓，是十分必要的。同时，在高位卖出股票型基金时，还可以切换至债券型基金，也是不错的选择。

收益提升策略

- 设置安全线与风险线 → 例如，分别设置3000点和5000点为安全线和风险线，即3000点下方以加仓股票型基金为主，5000点上方以减仓股票型基金为主。
- 抓大放小 → 利用相关的技术分析方法，对股市运行的大趋势加以研判。当大趋势上升时，进行加仓操作；大趋势下降时，进行减仓操作。
- 透析板块轮动规律 → 关注那些能够支撑股价长期的、可持续上行的概念，而忽略那些短线热炒的概念板块。

基金解析

招商行业精选股票基金(000746)

净值估算数据按照基金历史披露持仓和指数走势估算，不构成投资建议，仅供参考，实际以基金公司披露

净值估算2023-04-21 15:00	单位净值（2023-04-20）	累计净值
3.6843 -0.1117 -2.94%	3.7960 3.69%	3.7960
近1月：20.74%	近3月：15.59%	近6月：22.53%
近1年：13.55%	近3年：61.46%	成立来：279.60%

基金类型：股票型 | 中高风险　基金规模：25.75亿元（2023-03-31）　基金经理：贾成东

成 立 日：2014-09-03　管 理 人：招商基金　基金评级：★★★☆☆

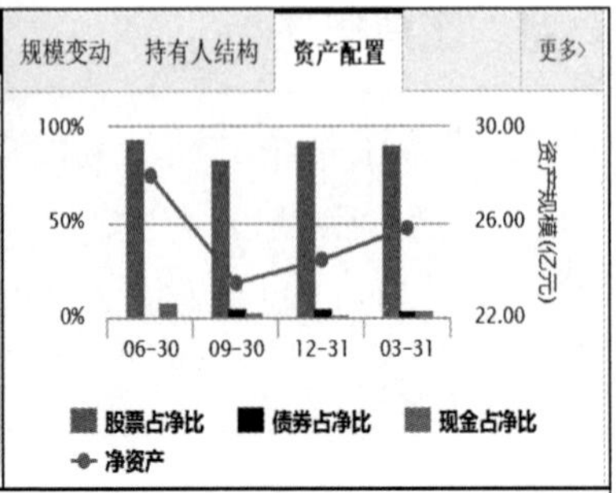

上图为招商行业精选股票基金近期收益及其资产配置情况。

从图中数据可以看出，尽管股市大盘最近两年经历了较大的振荡，但招商行业精选股票基金整体上保持了稳定上升态势。近3年的总收益达到了61.46%，是相当不错的业绩。

从其持仓情况可以看出，股票的仓位还是比较高的，超过了90%，债券仓位不足5%，现金不足5%，说明基金净值最终受股市大盘和基金经理选股能力的影响。

持仓分布

股票持仓　债券持仓　更多>

股票名称	持仓占比	涨跌幅	相关资讯
锦江酒店	8.07%	-4.93%	股吧
中际旭创	7.04%	-3.47%	股吧
吉祥航空	5.45%	-2.21%	股吧
中国国航	5.30%	-1.93%	股吧
首旅酒店	5.12%	-3.13%	股吧
浪潮信息	5.00%	2.28%	股吧
天孚通信	4.97%	-10.46%	股吧
沪电股份	4.77%	-5.98%	股吧
南方航空	4.74%	-1.92%	股吧
中国东航	4.45%	-1.88%	股吧

前十持仓占比合计：54.91%

持仓截止日期：2023-03-31　更多持仓信息>

左图为招商行业精选股票基金的十大持仓股情况，右图为该基金的债券持仓情况。该股票基金持仓以航空股居多，债券则以国债为主。凸显了该基金的投资风格以绩优股为主，辅以信用等级极高的债券。

股票持仓　债券持仓　更多>

债券名称	持仓占比	涨跌幅
22国债14	4.73%	0.01%

前一持仓占比合计：4.73%

持仓截止日期：2023-03-31　更多持仓信息>

收益走势

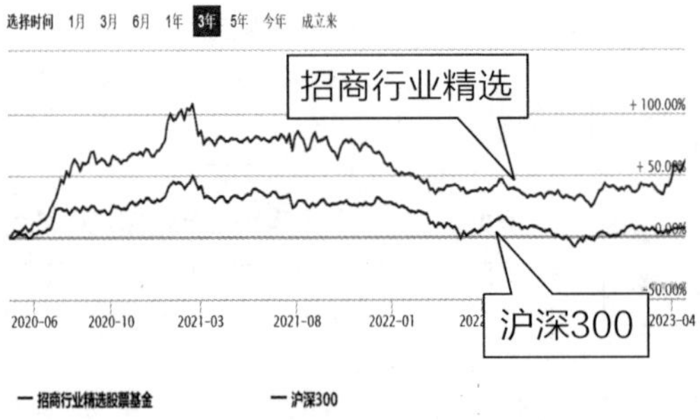

左图为招商行业精选基金与沪深300指数走势的对比图。图中可以看出，在2021年年初时段，大盘上升时，招商行业精选的涨幅更高，而在大盘下跌时，招商精选的跌幅要小于沪深300指数。

这说明该基金的基金经理选股能力还是非常不错的。

综述

相对而言，股票型基金的收益与风险都是相当大的，投资者投资该类基金需要具备一定的风险承受能力，同时能够对整个市场的走势有一定的了解。在股市高点减仓或清仓，在股市低点加仓或建仓，才是股票型基金的操作之道。

第二节　债券型基金

工具概述

债券型基金是指投资于债券市场的基金。债券型基金的盈利上限要远远低于股票型基金，但亏损的下限也要远远高于股票型基金。与货币型基金相比，债券型基金的收益要好很多，但风险也要大于货币型基金。

工具解读

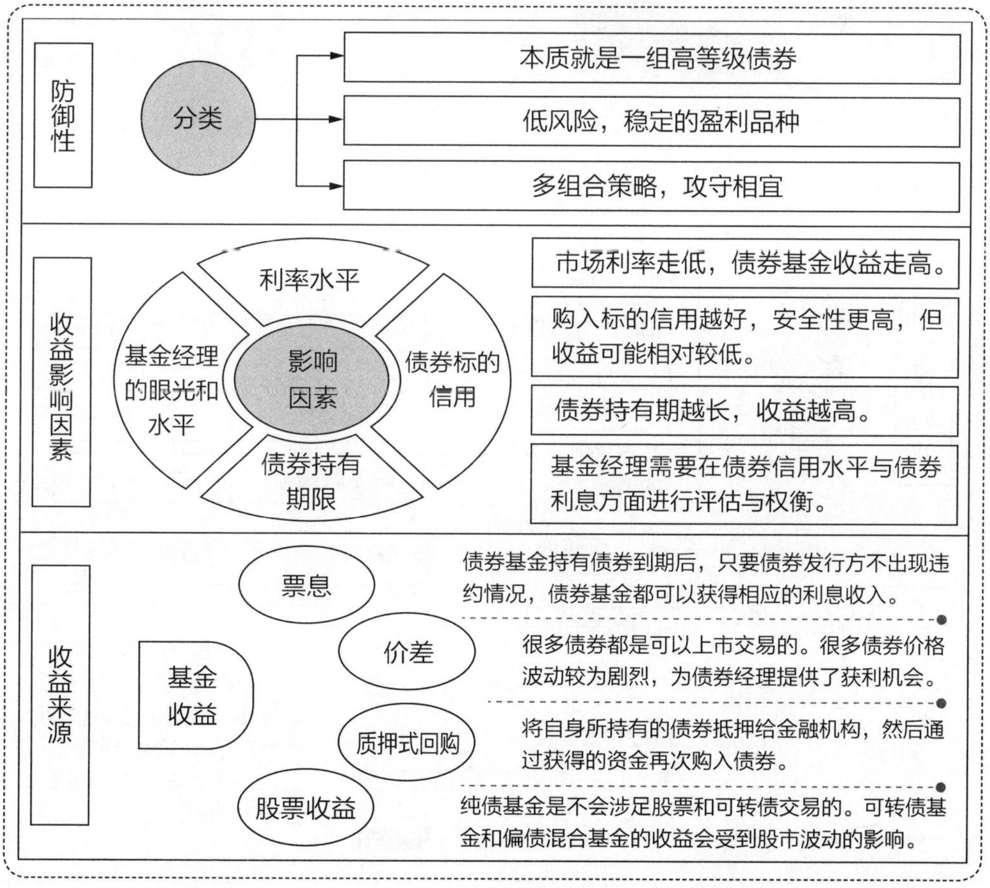

一、投向分析

工具概述

从名称上可以看出，债券型基金的主要投资方向在债券领域。但债券本身又可细分为多个种类，如国债、金融债、可转债、信用债等。不同的投资领域，直接影响着债券型基金的投资收益与风险水平。

工具解读

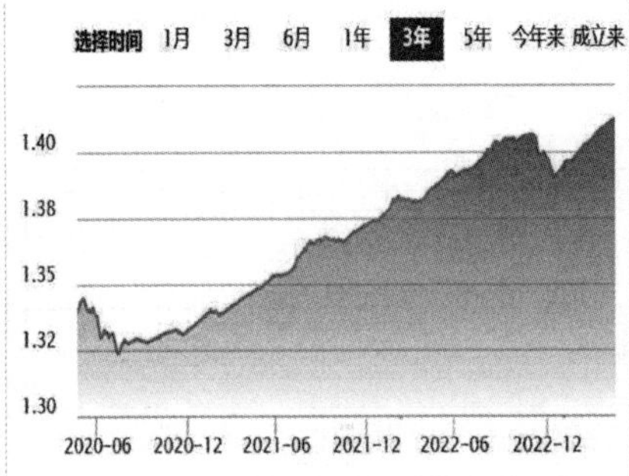

股票持仓 债券持仓 更多〉

债券名称	持仓占比	涨跌幅
20进出	5.62%	--
19国开	4.11%	--
22农发	3.99%	--
22浦发	3.89%	--
22浙商	3.89%	--

前五持仓占比合计： 21.50%

左边两幅图分别为长信稳益纯债基金的累计收益走势图和重仓债券数据。从中可以看出，尽管短线存在回调的可能，但长线是上涨的，且债券持仓相对平均，单只债券仓位占比不大。

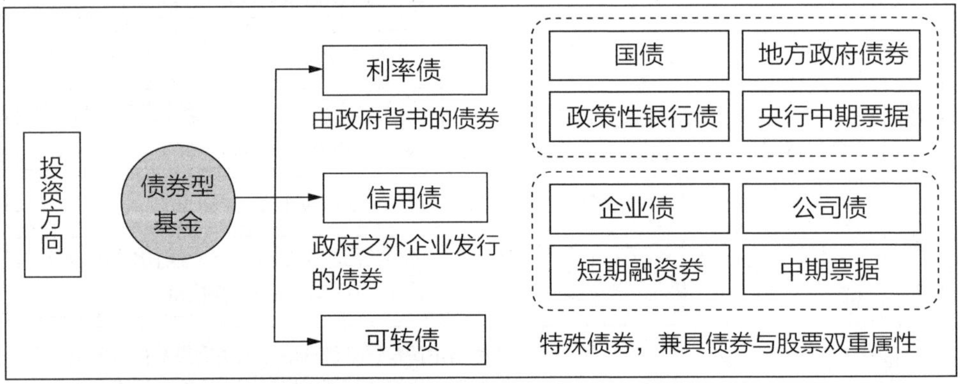

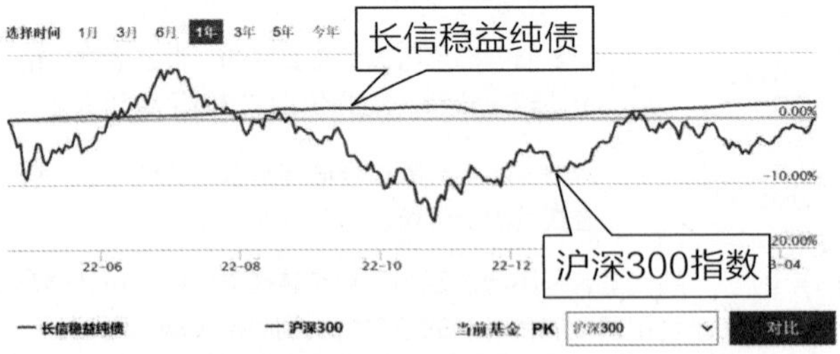

从左图纯债基金与沪深300指数的走势对比可以看出，债券基金的波动幅度远远小于股票指数，且从长线来看，几乎没有太大的风险。

二、投资策略

工具概述

从名称上可以看出，债券型基金的主要投资方向在债券领域。但债券本身又可细分为多个种类，如国债、金融债、可转债、信用债等。不同的投资领域，直接影响着债券型基金的投资收益与风险水平。

工具解读

债券类型与持仓分布

债券持仓

持仓比例		纯债基金	二级债基	偏债型混合基金
债券持仓	上限	95%	95%	95%
	下限	80%	80%	40%
股票持仓	上限	0	20%	40%
	下限	0	0	0
总持仓量		95%	95%	95%

债券型基金中，持仓股票占比越高，基金净值受股市波动的影响越大。

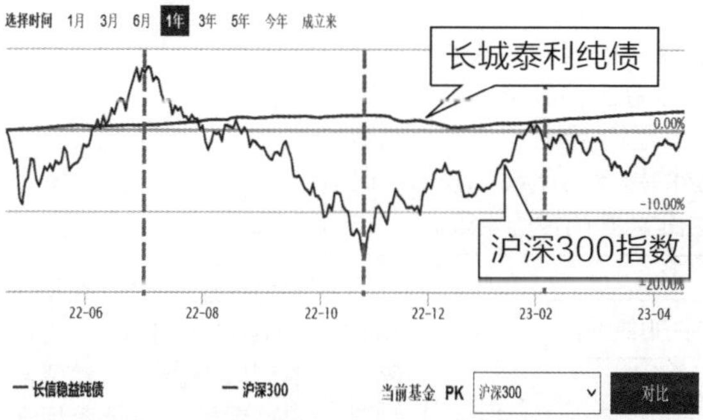

左图为债券型基金和沪深300指数对比关系图。从2022年到2023年的走势对比中可以发现，沪深300指数波动非常大，而债券型基金走势一直比较稳。特别是沪深300指数在2022年年中大幅下跌时，债券型基金表现得非常稳定。投资者若及时进行切换，无疑可以避免因股市下跌带来的损失。

投资策略

- 优中选优：对市场上债券型基金的收益率做个调查，选择最近几年里收益率较高的基金品种。
- 长期持仓：投资债券型基金必须放弃短线思维，从长线出发，坚定地长线持有一段时间，从而实现收益最大化。
- 合理切换：当经济下行时，股市走低，央行会采取降息的策略刺激经济增长，而债券型基金受益于利率的下调，会出现收益增加的情况；反之亦然。

基金解析

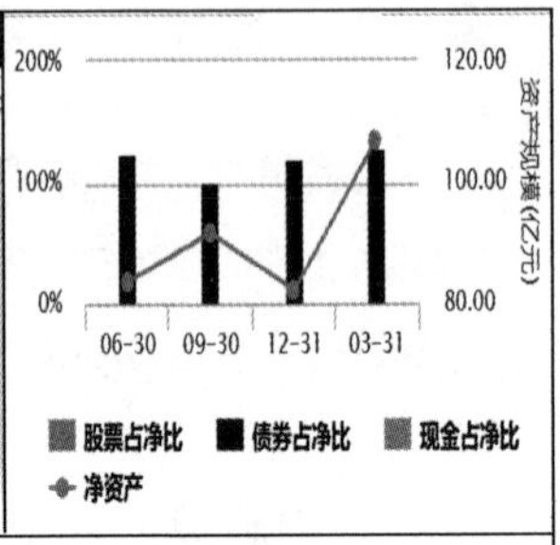

上图为中加纯债债券基金近期收益及资产配置情况。

从图中的数据可以看出，最近一年的收益为4.29%，最近三年的收益达到了11.12%，相对于股票型基金，这种收益并不算多，但也没有承受投资股票型基金所需应对的风险。

从其持仓情况可以看出，债券持仓近期达到了120%以上，现金持仓相对较低。这说明该基金为了追求收益最大化，进行了加杠杆操作，即通过将债券质押融资后再买入债券的方式，持有了超过总仓位的债券。

持仓分布

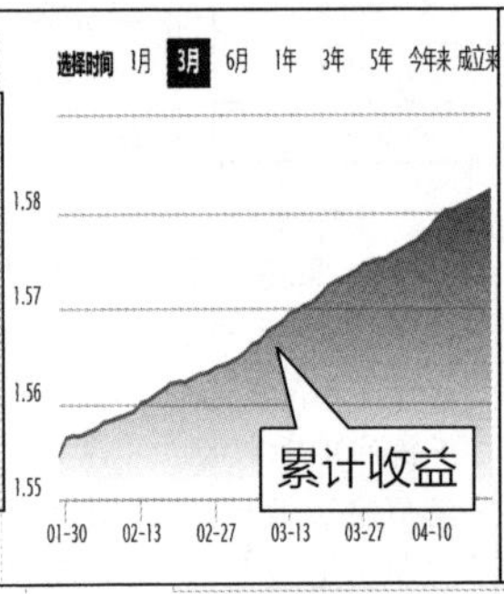

左图为中加纯债债券基金的累计收益，右图为该基金的债券持仓。从累计收益走势来看，其几乎没有经历过较大的回调。从债券持仓可以看出，除了几乎没有风险的国开金融债外，其他债券的持仓占比都比较低，这也是风险防控的手段。

股票持仓 | 债券持仓 | 更多＞

债券名称	持仓占比	涨跌幅
22国开	9.16%	--
19民生	4.67%	--
23象屿	2.12%	--
19民生	1.99%	--
20吉林	1.95%	--

前五持仓占比合计：19.89%

收益走势

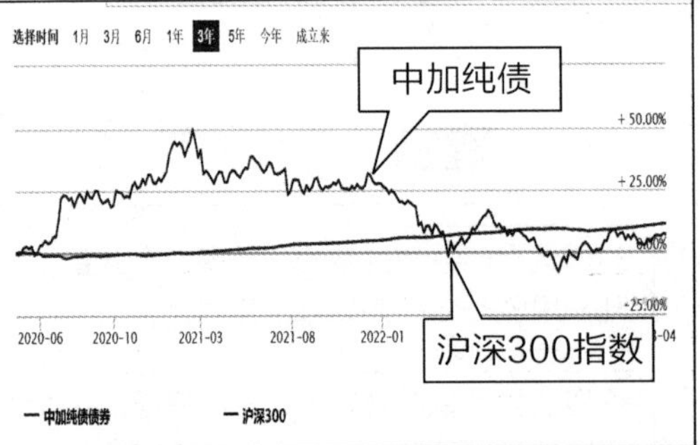

左图为中加纯债债券基金与沪深300指数走势的对比图。从中可以看出，尽管债券型基金的短期收益远远落后于沪深300指数，但因其几乎不会出现大幅回调，使得其在3年的时间里取得了高于沪深300指数的收益。这就是债券型基金所具有的相对优势。

综述

债券型基金一般比较适合喜欢长期持仓的投资者。同时，对于能够熟练分析股市的投资者来说，在股市进入熊市周期后，买入债券型基金也是不错的选择。当然，债券型基金的持仓也是需要关注的。若债券型基金持有的债券出现违约，则可能引发其净值大幅下跌。

三、可转债及可转债基金配置策略

工具概述

因可转债可以在规定的时间，以固定的价格转换成股票，因而其债券价格会随着股价的波动而波动。若股价走低，还可以以债券的票面利率获得利息收入。

工具解读

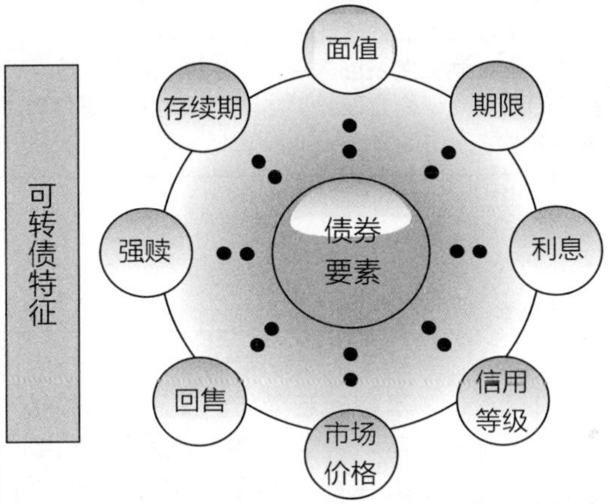

面值：通常为100元。
期限：一般不超过6年。
利息：逐年增加，但低于普通债券。
信用等级：信用越好，利息越低。
市场价格：受正股价格、市场因素影响较大。
回售：满足一定条件可回售给企业。
强赎：满足一定条件企业可强赎。
存续期：默认到期日，有时因强赎、回售等提前。

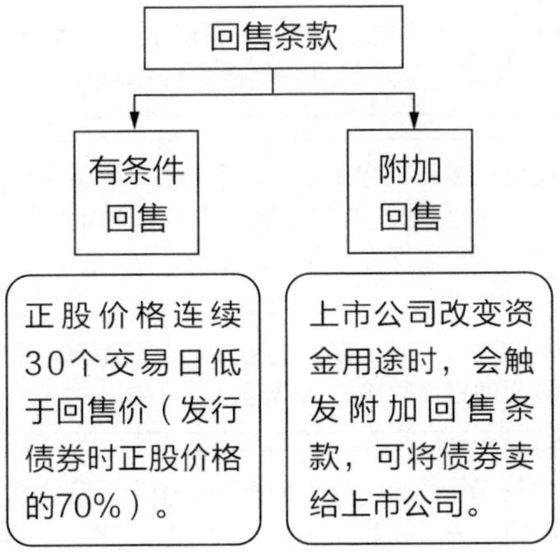

强赎条款

通常情况下，可转债发行时，都会设置强赎条款：转股期内，在30个交易日中至少15个交易日的正股收盘价不低于转股价格的130%（或120%）。

核心四要素

- **转股价格**：可转债在发行时会事先约定一个转股价格。上市交易后肯定会与正股价格有所不同（即存在一定的溢价或折价的情况），投资者可借机进行炒作。
- **转股价值**：转股价值是相对可转债市场价格而言的，也是可转债市价交易价格形成的重要参照标准。
  转股价值=每张可转债转股数量×正股价格
  每张可转债转股数量=可转债面值（100元）/转股价格
- **溢价率**：在实际交易过程中，基于时间、债券信用等级以及市场环境等因素，往往会使得可转债的市场价格与转股价值之间存在一定的偏离，这就产生了一定的溢价。
  溢价率=（可转债市场价格—转股价值）/转股价值×100%
- **下修条款**：可转债的正股价格连续走低，并低于转股价一定比例时（大多数企业为70%），就会触发回售条款。不过上市公司为了防止回售条款的触发，往往会在股价出现下跌时先行下修转股价，使得回售条款无法触发。

投资策略

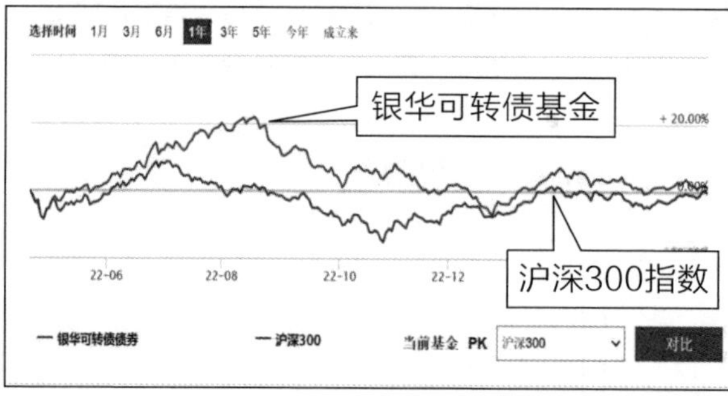

从左图可以看出，银华可转债基金的走势与沪深300指数基本吻合。通常在沪深300指数上涨时，可转债基金涨幅更大，而跌幅相对可能要小一点。这与可转债的性质有关，毕竟当股价大幅走低时，可转债还可以作为债券获得利息。

基本策略

- **优中选优**：通过各只可转债基金的发行机构（老牌、实力强劲的基金公司）、基金经理（最好获得过“金牛奖”）以及基金评级（五星级为佳，四星和三星次之）等方面进行筛选。
- **风险防控**：因可转债具有股票属性，可转债基金的波动与股票型基金相似，在配置方面需要做好风险防控，合理控制仓位。
- **动态调整**：可按照股票型基金的操作思路，在牛市与熊市中进行仓位配置的切换。熊市减仓，牛市加仓。

第三节　货币型基金

工具概述

货币型基金本质上是一种开放型基金，因其申赎灵活，且利息高于活期存款，而大受投资者欢迎。支付宝内的余额宝（先前只接入了天弘货币基金）也一度成为最大的单一货币基金。

工具解读

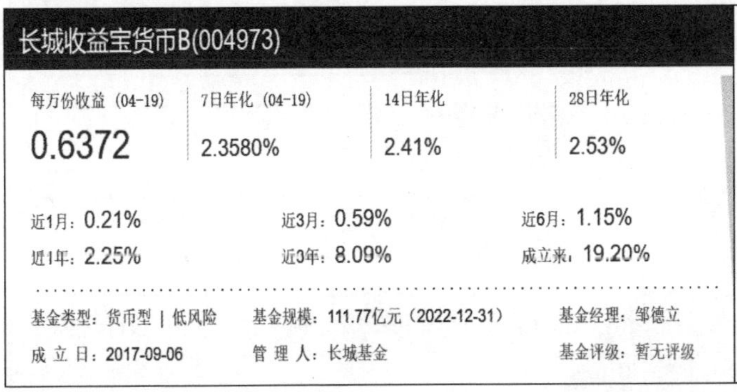
长城收益宝货币B(004973)

每万份收益（04-19）	7日年化（04-19）	14日年化	28日年化
0.6372	2.3580%	2.41%	2.53%

近1月：0.21%　近3月：0.59%　近6月：1.15%

近1年：2.25%　近3年：8.09%　成立来：19.20%

基金类型：货币型 | 低风险　基金规模：111.77亿元（2022-12-31）　基金经理：邹德立

成 立 日：2017-09-06　管 理 人：长城基金　基金评级：暂无评级

左图为长城收益宝货币基金的收益情况。从收益数据可以看出，其收益非常稳定，年收益在2.25%左右。这比1年以内的定期存款利率要高。

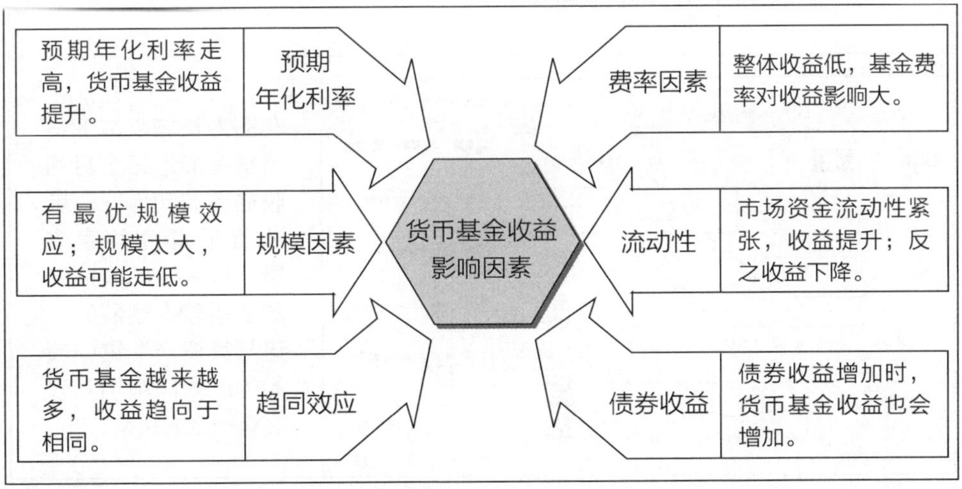

一、投向分析

工具概述

货币型基金资产主要投资于短期货币工具（一般期限在一年以内，平均期限 120 天）。通常都是一些高安全系数和稳定收益的品种，对于很多希望回避证券市场风险的企业和个人来说，货币基金是一个不错的选择。

工具解读

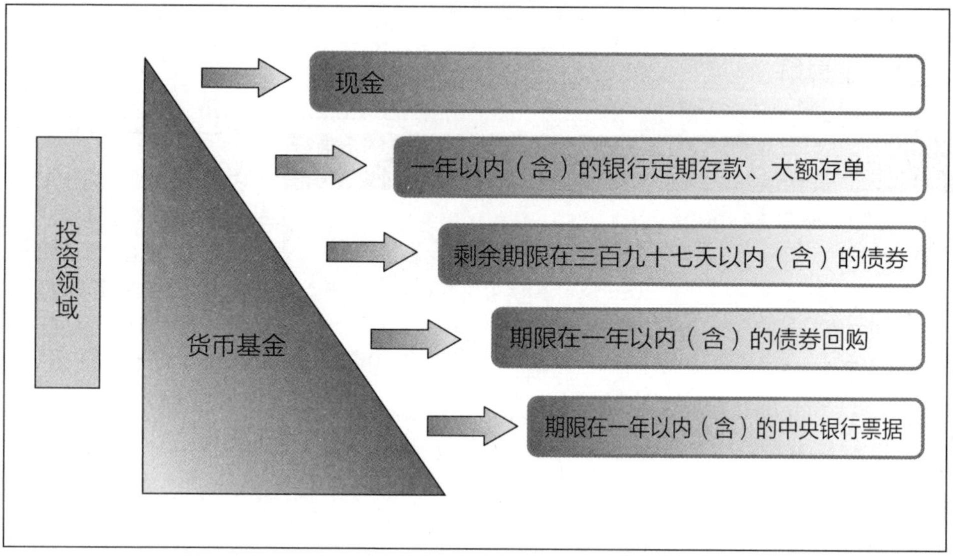

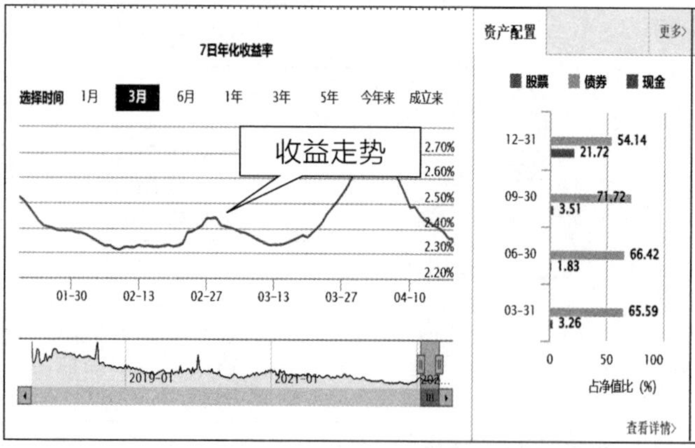

左图为长城收益宝货币基金最近三个月的收益率波动情况。若从货币基金角度来看，该基金的收益波动还是较为剧烈的，这与其资产配置中债券的配置比率相对较高有一定的关系。

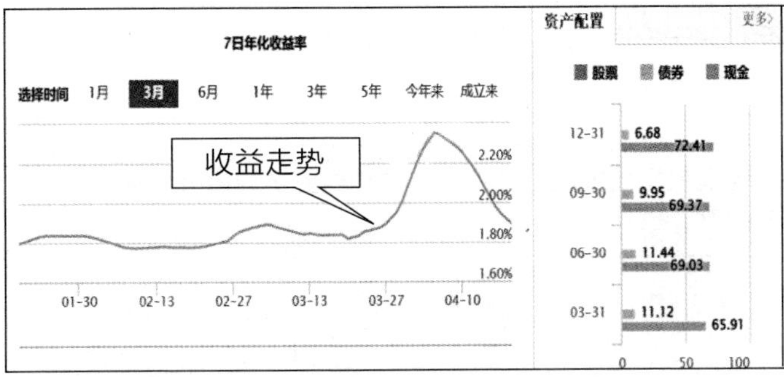

左图为天弘余额宝货币基金的年化收益走势图。从其仓位配置中可见，该基金的债券配置相对较低，这也使得该基金的收益及波动都低于前面的长城收益宝。

二、投资策略

工具概述

从某种意义上来看，货币型基金更多的是被投资者用来替代活期存款的。便于申赎，是货币型基金最吸引投资者的地方。尽管货币型基金的收益率并不高，但通过合理的投资安排，还是会让投资收益“更上一层楼”的。

工具解读

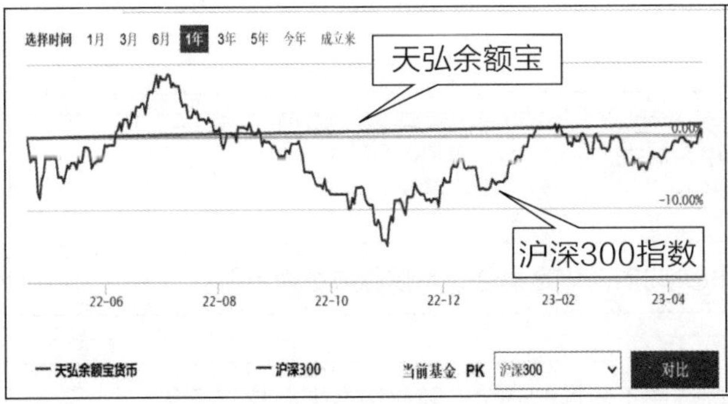

左图为天弘余额宝货币基金的收益曲线与沪深300指数走势对比图。从图中可以看出，货币基金的走势几乎没有波动，且基本不会亏损。而沪深300指数的振荡幅度非常大。这也说明货币型基金非常适合防御型投资。

投资优势

- 随用随取。近似于活期储蓄，但收益比活期储蓄高。
- 按月或日结转收益，相当于复利再投资，收益比银行更高。
- 利率上升阶段，可以获得更高的收益。

投资要点

- 购买货币基金仍属于投资行为。需要多了解各类货币基金的收益，构建投资组合，以使收益最大化。
- 一些大型的基金销售平台或网站，能够提供种类更多的货币型基金，可以提高选择的效率。

工具应用

投资原则

收益最大化原则
通过基金销售网站或者平台，对货币基金的收益进行排名，选择收益最高的几只基金作为备选基金品种。

运营稳定原则
选择货币型基金产品时，可以选择那些运营时间较长，且收益一直比较稳定的品种。

规模适中原则
一只基金的规模过大或过小时，基金管理人员很难将自己的运营水平发挥到最佳。

交易灵活原则
根据对资金的使用需求，选择灵活申赎的货币型基金。

基金选择技巧	实战要点
投入资金	积少成多，化零为整，习惯养成更为重要。
转换基金	挑选便于转换的基金，随时切换至高收益基金。
增值服务	一些基金销售平台或基金公司能够提供增值服务，让收益增厚。
T+0交易	大部分货币型基金的申赎都非常便捷，即时申赎的基金更佳。

核心要点

申赎关键时间点

- 15:00 → 15:00是股市收盘的时间点，也是基金收盘整理的时间点。在15:00之前提交申购请求，将按照当日收盘价格计算基金份额，并从次日（T+1）开始计算收益；反之，在15:00之后申购基金，将按照下一个交易日的收盘价格计算基金份额，并从T+2日开始计算收益。
- 星期四 → 想要周末获得收益，就必须在周四15:00之前申购货币基金，这样周五将会取得投资收益，周末将自动获得投资收益。反之，若周五15:00之前申购，将会在下周一取得收益。

基金解析

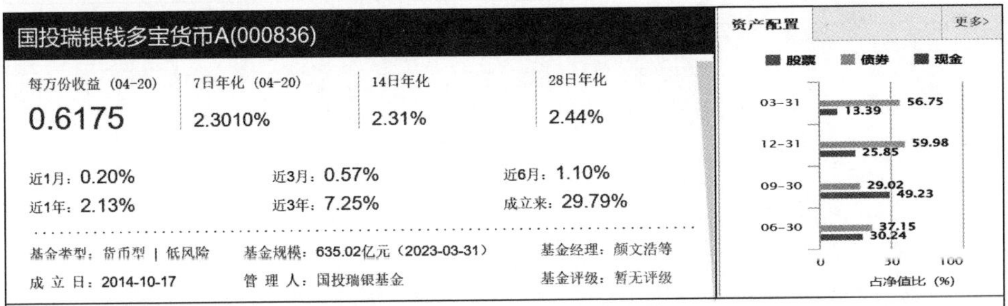

上图为国投瑞银钱多宝货币基金近期收益及资产配置情况。

从图中的数据可以看出，最近一年的收益为2.13%，最近三年的收益达到了7.25%，对于几乎没有任何投资风险的货币型基金而言，这已经是相当不错的收益了。

从其持仓情况可以看出，债券持仓近期达到了55%以上，现金持仓相对较低。这也是该基金净值能够走高的一个基础。

收益率分析

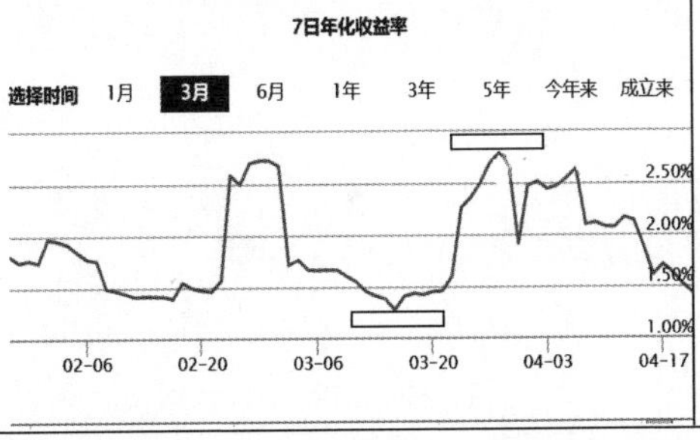

左图为富荣货币A基金的7日年化收益走势情况。从图中可以看出，尽管该基金属于货币型基金，没有出现亏损，但收益率也出现了较为剧烈的波动，一度低于1.3%，还曾高于2.75%。这与该基金持仓的债券相对较多有直接关系。

收益走势

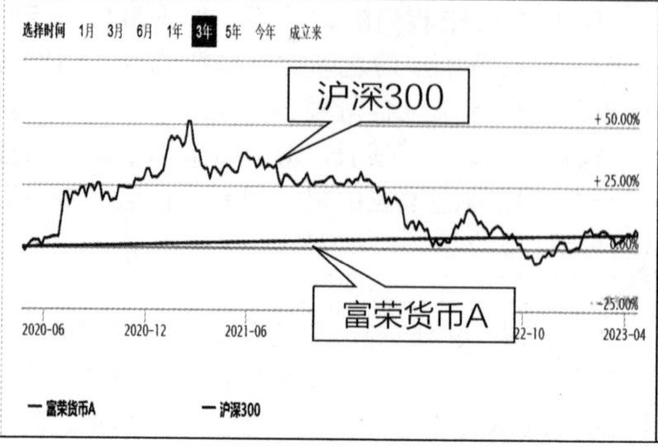

左图为富荣货币A基金与沪深300指数走势的对比图。从中可以看出，在之前的三年时间里，沪深300指数经历了大规模的振荡，而富荣货币A基金的收益却一直呈现稳定增长的态势。三年下来，二者的收益几乎差不多。

综述

货币型基金最大的特点就是稳定、风险低。投资者可用来替代活期储蓄。将其作为日常备用金随用随取是不错的选择，持有一定数量的货币型基金作为资产配置的一部分，也是可以考虑的，而且这部分基金无须投资者平时盯盘或进行操作。

第四节　混合型基金

工具概述

混合型基金是指投资于股票、债券以及货币市场工具的基金，且不符合股票型基金和债券型基金的分类标准。

工具解读

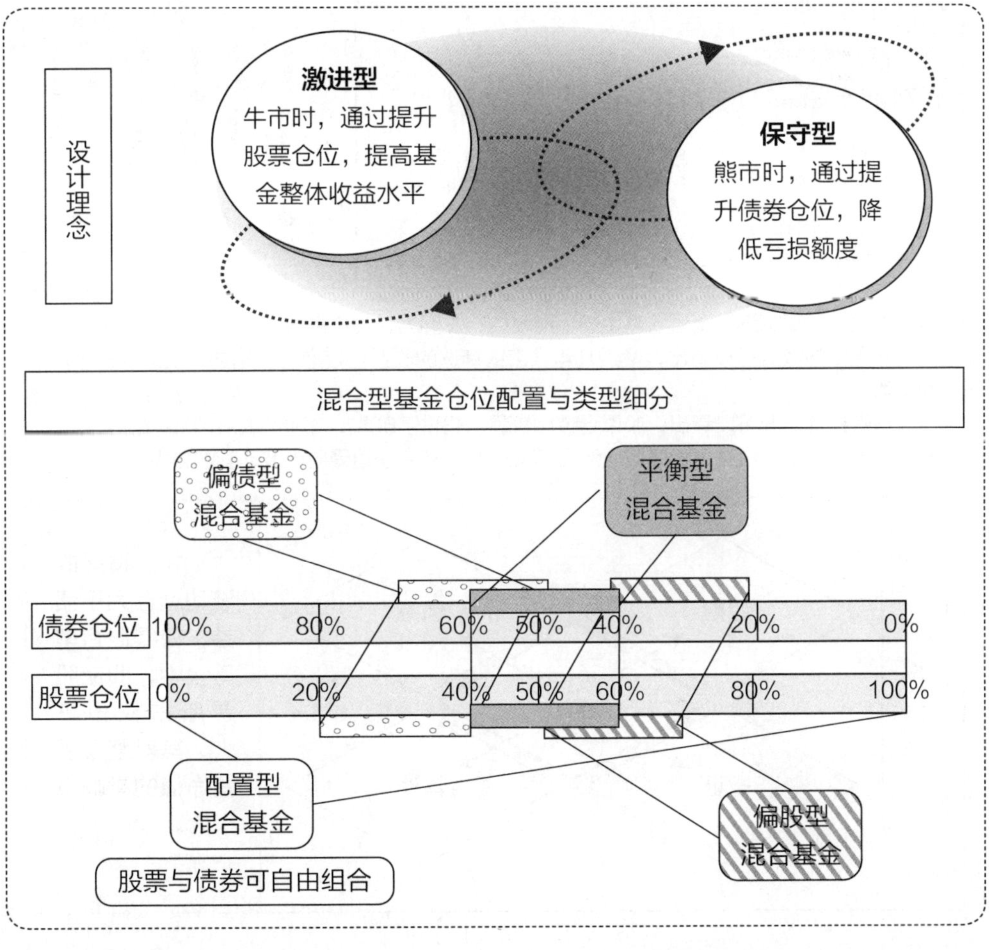

一、投向分析

工具概述

混合型基金，从名称中也可以看出其并无专门的投资方向，而是涵盖了多类投资品种的基金产品。混合型基金从本质上来说，在一定程度上解决了投资者自身需要对资产按照风险高低进行配置的要求。

工具解读

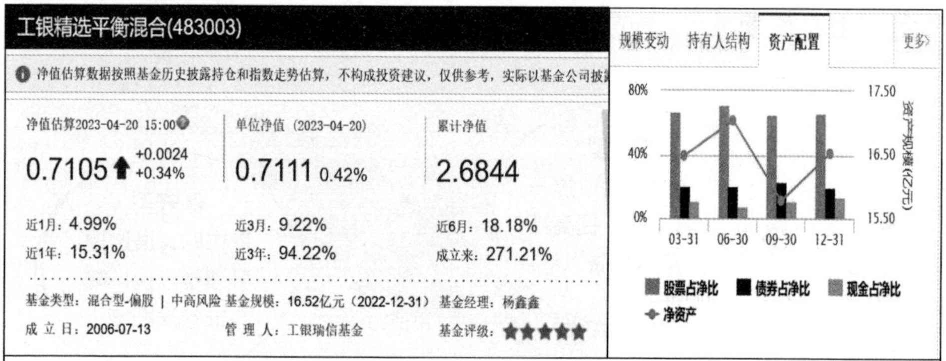

上图为工银精选平衡混合基金的近期收益，左图为其资产配置情况。

从图中的数据可以看出，最近几年，工银精选的收益还是非常不错的，长期保持了盈利态势。

从其持仓情况可以看出，股票仓位比较重，超过了60%，债券仓位在20%以上，持仓占比介于平衡型混合基金和偏股型混合基金之间。基金净值受股市波动影响较大。

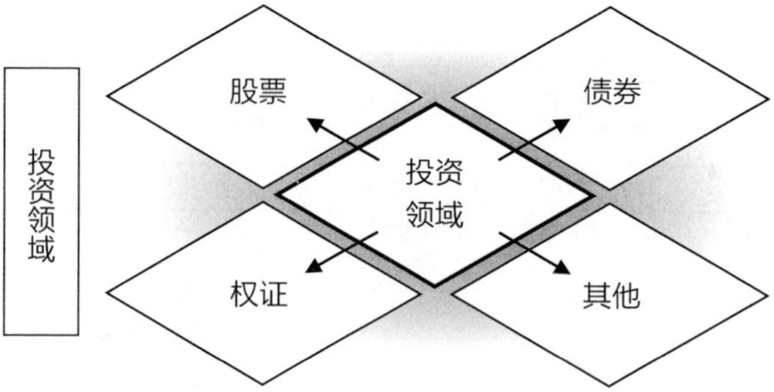

由于股票的波动远远大于债券，使得混合型基金中，即使股票所占权重不大，其对整个基金净值的影响也很大。

二、投资策略

工具概述

混合型基金投资策略的制订，应该是在充分考虑该类基金的投资风险以及投资收益影响因素的基础上确立的。同时，投资者也需要根据自身的风险承受能力，选择合适类型的混合型基金。

工具解读

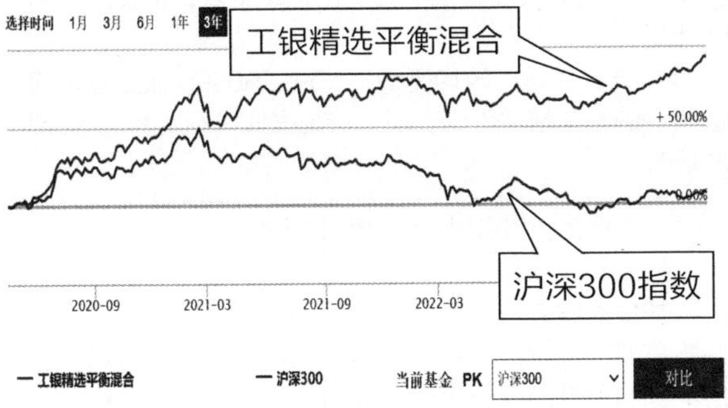

左图为工银精选平衡混合基金三年收益与沪深300指数的走势对比。从图中可以看出，基金收益走势与沪深300指数走势形态基本吻合，只是在涨幅或跌幅方面有所不同。一方面说明混合型基金受股市波动影响较大，另一方面也与基金经理的操作有关。

收益影响因素 — 核心因素：

- **股市走势**：持仓股票价格波动对基金收益影响最大，牛市时，基金收益将放大；熊市时，基金经理能否及时降低股票仓位，将直接影响基金收益。
- **经济环境**：经济环境向好，经济过热，利率会走低，债券收益下滑；反之，债券收益则会上行。
- **经理水平**：对基金经理考验较大。能否在股市走牛时加仓股票，在熊市来临时减仓股票，就看基金经理的决策了。

基金运作风险 — 风险因素：

- **股市风险**：若基金经理减仓不及时，股市风险将会直接传递到混合型基金，并给基金造成较大损失。
- **信用风险**：混合型基金所持有的债券，特别是企业债券，存在一定的违约风险。
- **运营风险**：基金的运营管理必须依靠基金公司的职业经理人，若基金管理团队出现问题，则可能给基金带来较大的影响。

基金解析

净值估算2023-04-21 14:21 1.4387 -0.0096 -0.66%

单位净值（2023-04-20） 1.4483 -0.51%

累计净值 3.6064

近1月：1.60% 近3月：-1.76% 近6月：-8.72%

近1年：-4.68% 近3年：40.18% 成立来：538.14%

基金类型：混合型-平衡 | 中高风险 基金规模：3.77亿元（2023-03-31） 基金经理：李崟

成 立 日：2003-04-28 管 理 人：招商基金 基金评级：★★★★★

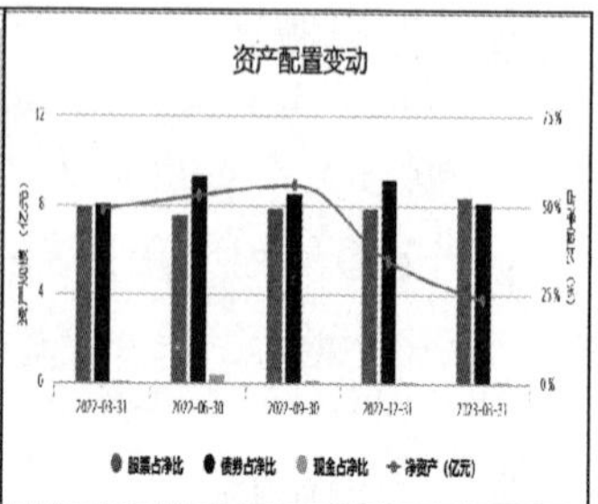

上图为招商安泰平衡混合基金近期收益及资产配置情况。

从图中的数据可以看出，最近一年的收益受大盘走低的影响出现了下跌，但最近三年的收益还是有40%以上，属于不错的收益。

从其持仓情况可以看出，股票和债券仓位还是比较均衡的，超过了50%，债券仓位应该是用了一些杠杆，这也可以让债券持仓的收益增厚不少。现金持仓很低，不足1%，这部分主要是为了应对投资者的赎回而准备的。

持仓分布

股票持仓 债券持仓 更多 >

股票名称	持仓占比	涨跌幅	相关资讯
平煤股份	7.67%	-2.22%	股吧
兖矿能源	7.18%	-2.20%	股吧
陕西煤业	6.57%	-1.99%	股吧
中远海能	5.52%	-2.36%	股吧
中国神华	4.20%	-0.62%	股吧
广汇能源	3.40%	-2.24%	股吧
盘江股份	3.37%	-2.69%	股吧
招商南油	2.82%	-2.45%	股吧
中兵红箭	2.43%	0.05%	股吧
恒逸石化	1.64%	-2.31%	股吧

前十持仓占比合计： 44.80%

持仓截止日期：2023-03-31 更多持仓信息>

左图为招商安泰平衡混合基金的股票持仓，右图为该基金的债券持仓。该基金股票持仓以能源化工股居多，而债券则以国债、金融债为主。凸显了该基金的投资风格以低估值蓝筹股为主，并辅助信用等级极高的债券。

股票持仓 债券持仓 更多 >

债券名称	持仓占比	涨跌幅
22附息	8.01%	--
22国债23	6.24%	0.01%
20中国	5.49%	--
22国债09	4.17%	0.00%
20浦发	2.78%	--

前五持仓占比合计： 26.69%

收益走势

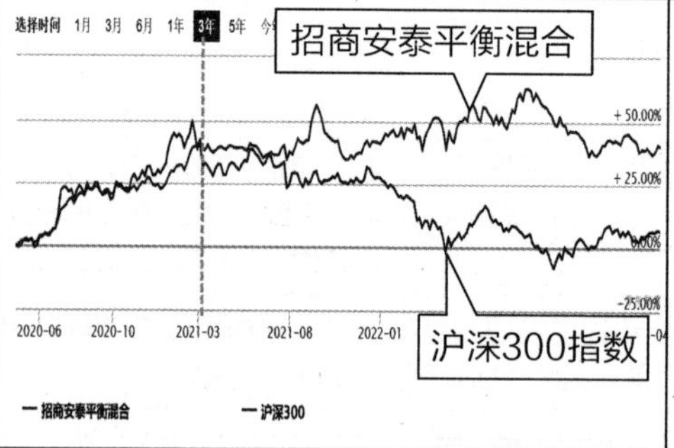

左图为招商安泰平衡混合基金与沪深300指数走势的对比图。从其对比中可以看出，在2021年年初时段，该基金的收益与沪深300指数出现了分歧。此后，沪深300指数振荡走低，而该基金的收益却经过一段时间横盘后振荡上升。这主要源于当时基金经理降低股票仓位、增加债券仓位的操作。

综述

混合型基金的投资，重点要关注基金经理的选股和调仓水平。选股选的准，牛市才能跑得快；调仓水平高，才能在熊市来临时及时切换到债券仓位，保住到手的利润。混合型基金的好处就是，投资者无须自己调整资产配置，只需跟对基金经理，选准基金即可。

第五节 指数型基金

工具概述

指数型基金是以某种市场指数为投资标的的基金品种。这些市场指数，要么能反映整个市场的运行态势，如沪深 300 指数；要么能反映某一板块的整体或行业表现，如白酒指数、金融地产指数等。指数基金就是希望获得市场平均收益的一种被动型基金品种。

工具解读

沃伦·巴菲特（Warren E.Buffett）特别偏爱指数型基金，为此，他还专门设置了一场赌局。

2005年，巴菲特公开宣布：任何一名基金经理，可以随意挑选五只主动型基金，若能在10年后，其整体收益水平超越标普500指数，则可赢得50万美元的奖金；若无法超越，则要赔给他50万美元。

一时间，尽管很多基金经理跃跃欲试，却无人真正迎战。

2008年，一位名叫泰德·西德斯的基金经理出来迎战。他挑选了五只FOF基金。到了2017年，他的五只基金的上涨幅度分别为21.7%、42.3%、87.7%、2.8%和27%，平均年化收益率最高为6.5%。而标普500指数在十年的时间里上涨了125.8%。平均年化收益率为8.5%。

整个赌局以巴菲特完胜告终。

无法战胜指数型基金的原因

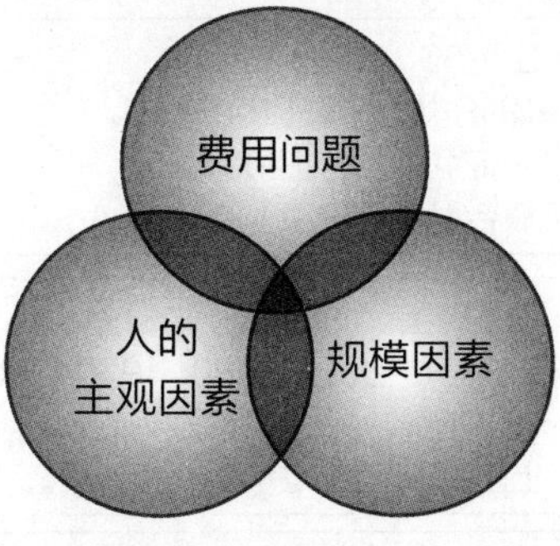

费用问题

指数型基金各项运行费用、管理费用等都要低于主动型基金。

主观因素

市场波动不受人的主观意愿影响，而基金经理却很难捕捉市场的波动。

规模因素

主动型基金持仓股票相对较少，个股暴跌会拖累整个基金，指数型基金却不会。

一、指数及指数分类工具

工具概述

指数型基金，实际上就是按照指数编制的比重相应地买入了某种指数所涵盖的全部股票。因此，指数型基金的收益与波动与所追踪的指数密切相关。

工具解读

指数及其用途

指数是一种表明社会经济现象动态的相对数，运用指数可以测定不能直接相加和不能直接对比的社会经济现象的总动态。如物价指数、产品成本指数等。

核心用途：
- 综合反映现象整体的变动方向和幅度。
- 测定和分析总体变动中各因素变动的影响大小和影响程度。
- 研究事物在长时间内的变动趋势。

股票指数及其用途

即股票价格指数，简称股指，是指通过选取一组股票编制计算，用以描述股票市场总体价格水平或某类股票价格水平变化的指标。最受关注的指数如上证指数、沪深300指数等。

核心用途：
- 真实地反映市场走势情况，是股票指数最核心的用途。
- 作为一种追踪投资工具而存在，可用于追踪市场平均趋势。
- 作为期货投资的标的而存在。

股票指数的分类

指数类型：
- 按编制机构划分
  - 上证系列：上证50、上证180等。
  - 深证系列：深证成指、深证100等。
  - 中证系列：中证100、中证200等。
  - 上证与深证联合发布：沪深300等。
- 按涵盖标的范围划分
  - 综合指数：上证综指。
  - 成分股指数：深证成指、上证180、沪深300等。
  - 行业指数：商业指数、房地产指数等。
  - 概念指数：上国改革指数、沪智家居指数等。

二、宽基与窄基

工具概述

宽基指数与窄基指数的核心区别不在于所含样本数的大小，而在于是否跨越了行业、概念等。沪深 300、上证 180、深证 100 等都属于宽基指数。

工具解读

宽基指数

- 指数所涵盖的股票数量较多，一般要多于10只股票。
- 指数中单只股票所占比重较小，不能超过30%。
- 权重最大的5只股票所占的比重不能超过60%。
- 权重股日交易额不低于10亿元人民币。
- 包含行业跨度较大，一般要超过5个行业。

特点：能够更好地反映市场的平均趋势，且当个别股票遭遇“黑天鹅”事件时，整个指数也不会受到太大的影响。

窄基指数

- 股票涵盖行业比较少，且多为单一行业或概念。
- 基金净值波动幅度相对较大，受权重股影响较大。
- 可能存在单只重仓股权重超过30%的情况。
- 有些指数的日交易额相对较低，交易清淡。
- 个别窄基指数基金所涵盖的权重股数量较少。

特点：能够准确反映市场板块轮动情况，帮助投资者抓住风口板块。但也存在受个别权重股影响，波动幅度过大的问题。

三、行业指数

工具概述

行业指数属于典型的窄基指数，是反映某一类行业内股票走势的指数。也是比较受市场投资者追捧的一类指数。如白酒指数、消费指数等。

工具解读

军工指数　中证医药指数　中证全指半导体指数

新能源车指数　国证食品指数　……

行业指数及操作分析

- 国民经济中的各个行业可以分为周期性的和非周期性的，但在市场上，资金炒作一些行业，往往都是有周期性的。
- 随着炒作周期性的启动和退出，各个行业板块的股票也会随之上涨或下跌。
- 投资者通过追踪周期性上涨行业，抛弃进入下行通道的行业，让自己的投资收益超过涵盖多个行业的宽基指数。

重点关注行业指数

行业指数	包括
消费行业指数	中证消费、消费80、中证白酒、国证食品等
医药行业指数	中证医药、生物医药、医药100、医疗器械等
新能源行业指数	中证新能源、新能源车等
科技行业指数	中证科技、科技龙头、中证全指半导体等
军工行业指数	中证军工、军工指数、中证国防等

基金解析——中证消费50指数

消费行业是与人们生活密切相关的一个行业，也是一个永远不会衰退的行业。在消费行业中，涌现出了一大批白马股、超级绩优股，如贵州茅台、五粮液、美的集团、格力电器等。

中证消费50指数

中证消费50指数由沪深两市可选消费与主要消费（剔除汽车与汽车零部件、传媒子行业）中规模大、经营质量好的50只龙头公司股票组成，以反映沪深两市消费行业内50家龙头公司股票的整体表现，为指数化产品提供新的标的。以2004年12月31日为基点。

十大重仓股

股票名称	持仓占比	涨跌幅	相关资讯
五粮液	16.62%	-0.86%	股吧
贵州茅台	15.37%	-0.94%	股吧
泸州老窖	9.18%	-0.17%	股吧
伊利股份	9.17%	-0.28%	股吧
中国中免	8.77%	-2.24%	股吧
格力电器	8.14%	-1.89%	股吧
海天味业	5.25%	-1.18%	股吧
海尔智家	4.23%	-1.87%	股吧
双汇发展	1.32%	-0.87%	股吧
珀莱雅	1.29%	-1.29%	股吧

前十持仓占比合计： 79.34%

持仓截止日期: 2023-03-31 更多持仓信息>

指数特点

- 涵盖了沪深两市的可选消费与主要消费行业内的龙头企业，符合强者恒强的特点。
- 剔除了消费行业中汽车、零部件以及传媒等强周期行业，指数走势会更加趋于平稳。
- 权重股与大盘指数在一定程度上重合，受大盘影响较大。比如贵州茅台、五粮液等也是大盘权重股。

典型追踪指数基金

- 东兴中证消费50
- 易方达中证消费50ETF
- 富国中证消费50ETF

实操分析

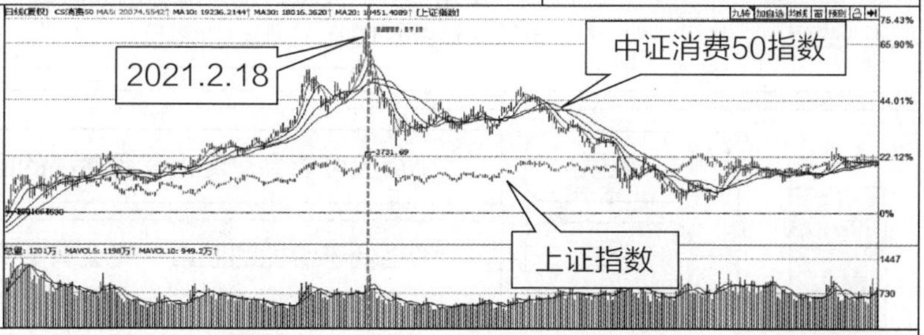

从上图可以看出，中证消费50指数的走势与上证指数的走势比较吻合，不过，消费50指数的波动幅度远远大于上证指数。在2021年2月18日之前，中证消费50指数发动了一波强势上升浪潮。此阶段的上涨也带动了上证指数的上攻，但涨幅更高。此阶段往往是投资者投资该指数基金的好时机。进入2021年2月18日之后，中证消费50指数开始回调，其回调力度也要远远大于上证指数，比较符合窄基指数的特征。在此阶段，投资者就可以切换到其他行业指数基金投资，放弃消费行业指数，毕竟先前该指数的涨幅过大。

四、策略指数

工具概述

策略指数属于一种相对特殊的指数，是通过对股票某方面的共同优势进行加权汇总，从而获得的一种指数。如基本面加权、红利加权等。

工具解读

- 基本面策略
- 红利策略
- 低波指数
- 高贝指数
- ……

策略指数及操作分析

- 在市场运行过程中，具备某些共性的股票出现了超越平均指数的涨幅。
- 寻找共性因素，并依据这些共性因素来选择股票，是策略指数设计的初衷。
- 构成某一策略指数的股票，也可能会因为股票本身质地变化（不再符合该共性因素）而被剔除。

六大核心策略因子

规模	小盘股可能会有比大盘股更高的回报。
价值	价格低于价值的股票，将会有更高的回报。
低波动	波动较小的股票，长期可能带来更高回报。
红利	高分红企业可能会带来更高的回报。
质量	质地好的优质公司将继续上涨。

基金解析——中证红利指数

现金分红较多，一方面反映了上市公司自身现金流较为充沛；另一方面也反映了上市公司运营情况较佳。因此，将红利分红作为一种选股策略，通常很容易选到一些长线优质股票。

中证红利指数

中证红利指数由沪深两市中现金股息率最高、分红稳定、具有一定规模及流动性的100只股票组成。该指数以股息率高低作为指数权重分配的依据，反映了沪深两市中高红利股票的整体走势情况。中证红利指数创立于2008年5月26日，并以2004年12月31日作为基日，基日点位为1000点。

十大重仓股

股票名称	持仓占比	涨跌幅	相关资讯
南钢股份	1.90%	-0.78%	股吧
中国石化	1.87%	-1.42%	股吧
兖矿能源	1.79%	-2.09%	股吧
唐山港	1.76%	-1.12%	股吧
中国神华	1.66%	-0.75%	股吧
华发股份	1.54%	-0.86%	股吧
森马服饰	1.54%	-1.85%	股吧
大秦铁路	1.52%	-0.66%	股吧
养元饮品	1.52%	0.71%	股吧
交通银行	1.49%	-0.54%	股吧

前十持仓占比合计：　16.59%

持仓截止日期: 2023-03-31　　更多持仓信息>

指数特点

- 行业分布比较广泛。在分红最高的100家公司中，消费品行业、房地产金融行业、工业领域企业占比较高。
- 从整体上来看，股价偏低，且分红较佳，具有一定的投资优势。
- 高分红的股票往往会有相对更高的业绩作为支撑，因而相对其他股票也更为抗跌。

典型追踪红利基金

- 招商中证红利ETF
- 博时中证红利ETF
- 易方达中证红利ETF
- 大成中证红利指数

实操分析

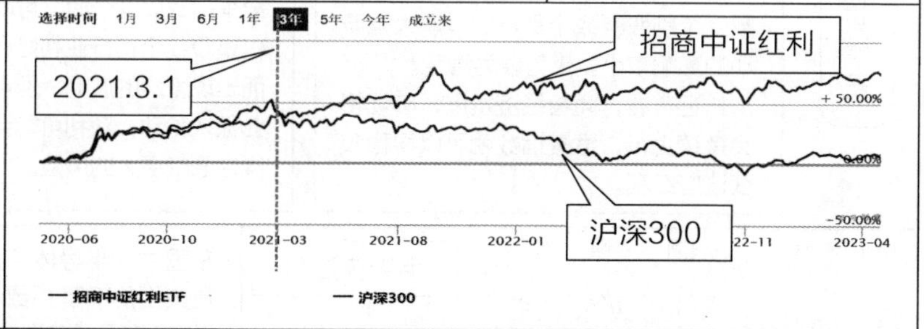

从上图可以看出，招商中证红利指数的走势在2021年3月之前与沪深300指数的走势还比较吻合。在2021年3月1日之后，沪深300指数开始振荡走低，而招商中证红利指数体现了自身稳定、优质的特性，呈现了横向振荡上升态势。

到了2023年，招商中证红利指数的收益已经远远超过沪深300指数很多倍了。

五、指数型基金的挑选

工具概述

并不是所有的指数型基金的收益都与指数走势完全吻合。在实际投资活动中，很多基金公司还会针对指数进行一些调整，以期实现超越指数的收益。

工具解读

指数基金类型

四大核心类型

指数基金
以相对应的指数为参照标的的基金品种，该基金走势与指数基本一致。

增强型指数基金
在一定幅度之内，对构成指数的股票以及权重占比进行适度调整。指数走势有一定偏差。

ETF基金
即交易型开放式指数基金。投资者不仅可以正常申购该类基金，还可像交易股票一样交易该基金。

ETF链接基金
专门投资ETF基金的基金。与ETF基金相比，有5%左右的现金储备，走势与ETF稍有不同。

宽基还是窄基

宽基指数
宽基指数涵盖样本较为广泛，整个指数受个别股票或个别行业股票大幅波动的影响较小。走势较为稳定。
从长远来看，随着经济发展，市场将会持续上行，宽基指数就可以稳稳收获这些红利。

窄基指数
窄基指数如同个股，可能会受到个别权重股或个别行业利好利空的影响，而出现剧烈的波动。但若能把握好行业板块轮动，获利可能会更多，但同样也面临更大的风险。

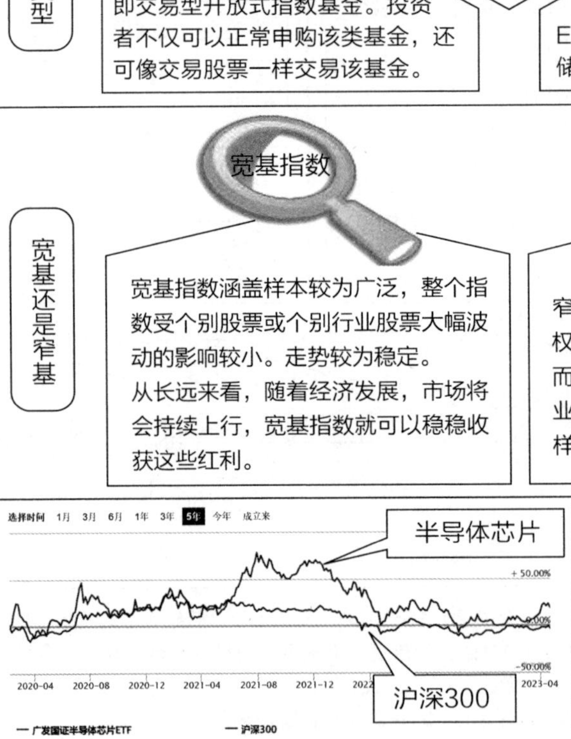

左图中，半导体芯片ETF基金就是典型的窄基指数基金，而沪深300指数又是典型的宽基指数。二者走势对比，就可以清晰地发现，尽管大的趋势相近，但窄基指数波动更为剧烈，沪深300指数走势更平稳。

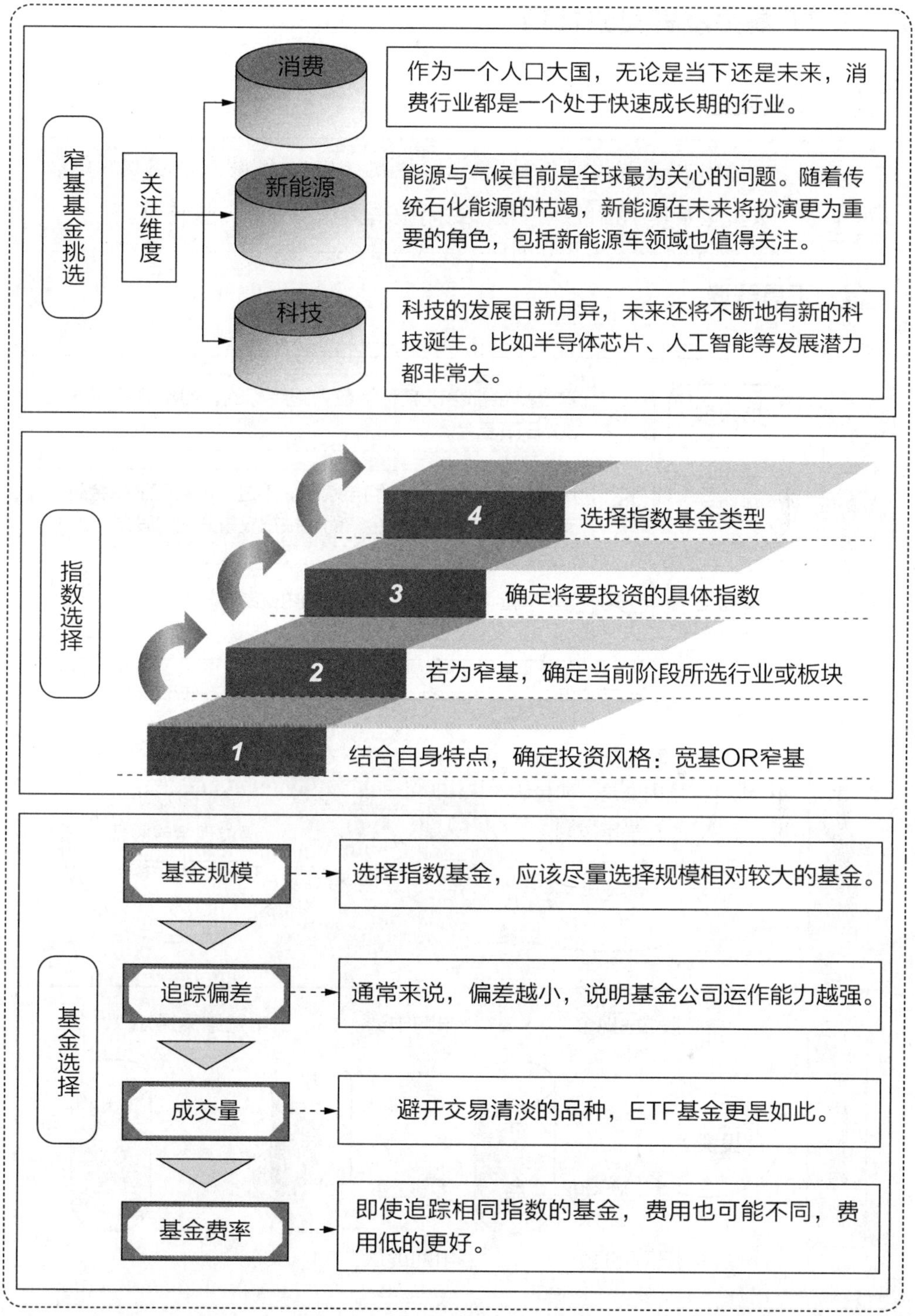
窄基基金挑选
关注维度
消费
作为一个人口大国，无论是当下还是未来，消费行业都是一个处于快速成长期的行业。
新能源
能源与气候目前是全球最为关心的问题。随着传统石化能源的枯竭，新能源在未来将扮演更为重要的角色，包括新能源车领域也值得关注。
科技
科技的发展日新月异，未来还将不断地有新的科技诞生。比如半导体芯片、人工智能等发展潜力都非常大。
指数选择
4 选择指数基金类型
3 确定将要投资的具体指数
2 若为窄基，确定当前阶段所选行业或板块
1 结合自身特点，确定投资风格：宽基OR窄基
基金选择
基金规模
选择指数基金，应该尽量选择规模相对较大的基金。
追踪偏差
通常来说，偏差越小，说明基金公司运作能力越强。
成交量
避开交易清淡的品种，ETF基金更是如此。
基金费率
即使追踪相同指数的基金，费用也可能不同，费用低的更好。

六、ETF基金及其交易技巧

工具概述

ETF 基金，即交易型开放式指数型基金，也就是能够上市交易的指数型基金。该基金兼具了指数型基金、封闭型基金和股票的三重特色。

工具解读

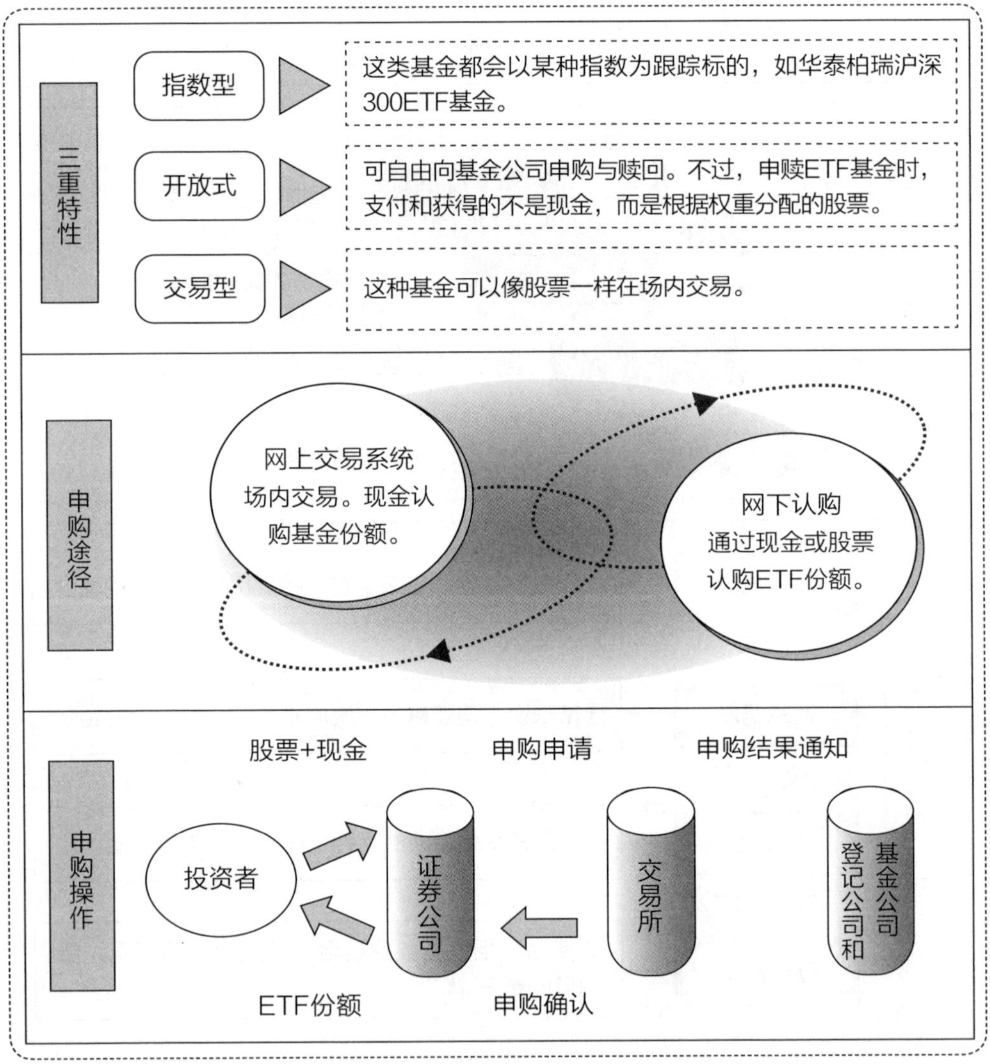

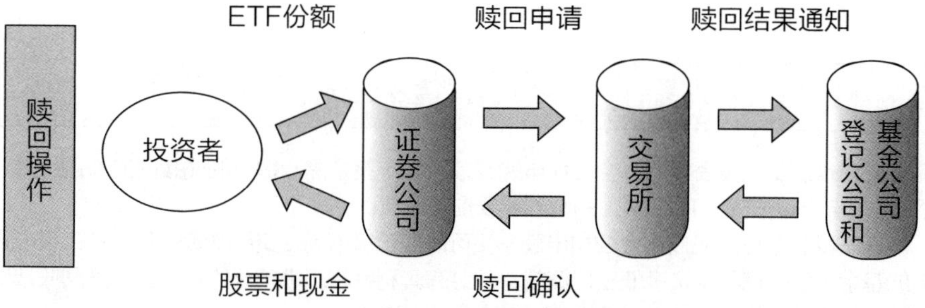

单市场ETF基金交易规则

单市场ETF，即ETF组成的股票全部在单一市场，如上证50ETF（全部在沪市上市）、创业板ETF（全部在深市上市）等。

基本规则

- 当日申购的基金份额，同日可以卖出，但不得赎回。
- 当日买入的基金份额，同日可以赎回，但不得卖出。
- 当日赎回的证券，同日可以卖出，但不得用于申购基金份额。
- 当日买入的证券，同日可以用于申购基金份额，但不得卖出。

当日买入的证券不能卖出，只能用于申购ETF基金；当日赎回的证券，只是属于整个赎回操作的一部分，可以将其继续卖出，换取现金，但不能进行申购ETF基金的操作，这一点和股市交易规则并不相同。

跨市场ETF基金交易规则

跨市场ETF基金包括在沪市上市的ETF基金中含有深市交易的股票的和在深市上市的ETF基金中含有沪市交易股票的情况。比如，华泰柏瑞沪深300ETF就是在沪市上市的ETF，但其中含有深市股票。

沪市跨市交易规则

在沪市上市的ETF基金中若含有深市的股票，投资者可采用现金替代的方式，完成基金的申购。

即投资者将现金交给基金公司，由基金公司按照实时价格购买所需的股票，多退少补。

深市跨市交易规则

在深市申购ETF基金时，需要提供一篮子的股票。

投资者提供申购请求后，需要第二天由中国结算公司进行清算确认，然后将结果反馈回证券交易所，最终完成ETF基金申购操作。

技巧解析——ETF基金套利技巧

ETF套利基础

正常情况下，投资者向基金公司申购或赎回ETF基金需要提供的或赎回的都是股票，而在二级市场内交易ETF基金份额则不需要提供股票。

ETF基金既可以通过基金公司申赎，又可以在二级市场上交易基金份额。若二级市场内的基金份额价格与基金净值出现偏差，就会有套利者将二级市场的基金份额赎回股票或用股票换取基金份额到二级市场出售，以完成套利操作。

ETF现价高于基金净值套利

当股价启动一波快速上升行情时，可能会为了快速成交而不考虑其与净值的偏离程度。投资者可直接用一篮子股票申购ETF基金份额，然后将基金份额在二级市场卖出，从而完成一次套利操作。

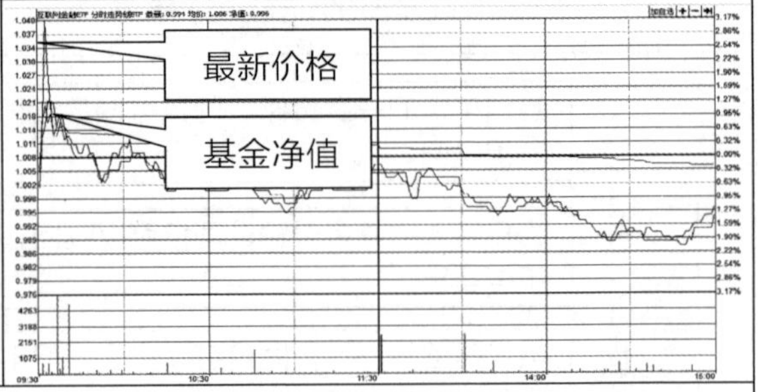

上图为互联网金融ETF走势图。2023年4月24日早盘，互联网金融股票大幅走高，互联网金融ETF大幅冲高，并远远高于基金净值，套利机会出现。此后，套利资金大量涌入，ETF市场报价开始回落，并与净值开始趋于一致。

ETF现价低于基金净值套利

当市场出现一波恐慌性杀跌行情，为了快速成交而出现报价低于基金净值或者市场转暖，而此时ETF交易报价并未及时跟进，造成二者之间出现价差。投资者可直接在二级市场买入ETF基金份额，然后再将基金份额赎回，最后将赎回的股票卖出，从而完成一次套利操作。

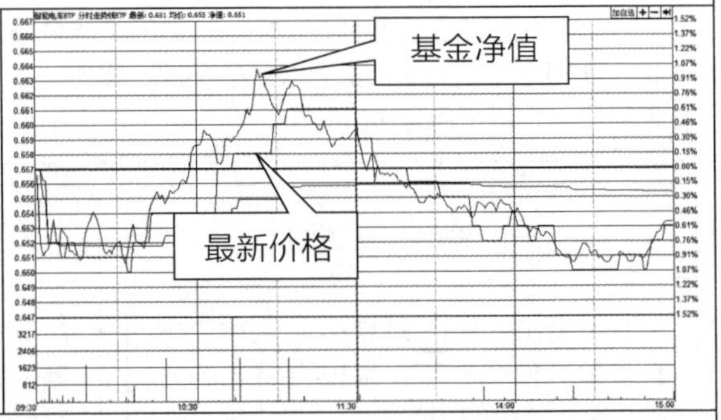

上图为智能电车ETF走势图。2023年4月24日午盘，智能电车股票大幅走高，基金净值大幅走高，而智能电车ETF报价却并未及时跟进，造成了一定的价差。此时可直接在二级市场买入ETF基金份额，然后再将基金份额赎回，最后将赎回的股票卖出，从而完成一次套利操作。

当然，有时价差的形成是由于交易清淡造成的，投资者最好还是回避这类基金品种。

第三章
基金选择工具

第一节　维度一：基金公司诊断工具

工具概述

在基金投资领域，很多投资者都忽视了基金公司所起的作用。其实基金公司就是投资者资产的“大管家”，资金的安全与收益都与这个“大管家”直接相关。直接运作基金的基金经理只是这个“大管家”团队中的一员，基金经理的很多操作决策都要服从于这个“大管家”。

工具解读

四维解构

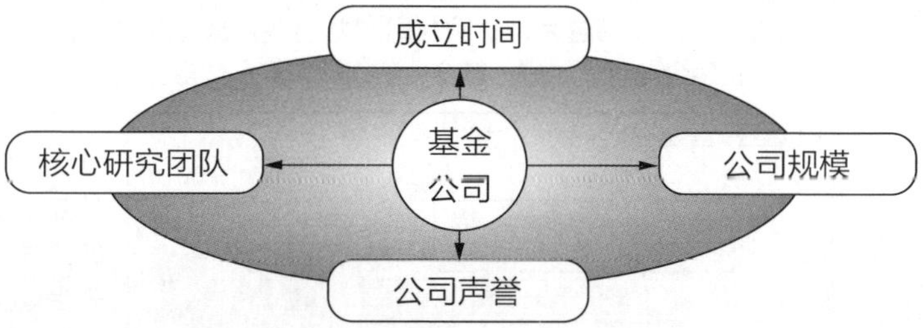

时间	经过多年运营且商誉尚佳的基金公司，肯定会比一些新成立的公司更容易给人一种安全的感觉，而且他们在长期的经营中也积累了大量投资经验。
规模	其一，基金公司运营资产的规模；其二，基金公司旗下基金的数量（尤其要关注第三方给予五星级评价的基金数量）；其三，基金公司旗下基金经理的数量（特别是那些运营五星级基金的基金经理人数）。
声誉	如果一时很难判断一家基金公司声誉的好坏，可以考虑借助反向指标看待这个问题。比如一家基金公司连续发生违规违法事件，则该公司的信誉就值得怀疑，投资者宜远离这类企业。
团队	优秀的基金公司必然会有优秀的投资研究团队。事实上，基金经理的很多投资行为都会服务于基金公司投资决策委员会的决策。投资者在选择基金公司前，需要对该基金公司的投资研究团队进行了解，特别是这个研究团队的核心人物更为关键。

一、三维评估公司规模

工具概述

基金公司规模不仅体现在公司资产的规模方面，更是体现在反映核心竞争力的基金品种数量、基金经理数量、五星基金数量等方面。

工具解读——以易方达基金为例

基本规模数据

易方达基金管理有限公司

E Fund Management Co., Ltd.

易方达基金 2021年度一年期金牛基金管理公司 更多〉

办公地址：广州市天河区珠江新城珠江东路30号广州银行大厦40-43F

网站地址：www.efunds.com.cn

总经理：刘晓艳

客服热线：400-881-8088

管理规模：16540.24亿元　基金数量：550只　经理人数：73人　天相评级：★★★★★　成立日期：2001-04-17　公司性质：中资企业

在天天基金网等基金销售平台可以查到各家基金的详细信息。其中，基金公司管理资产的规模越大，说明公司实力越强，越受到市场的认可；基金评级越高，说明企业运作越好；基金经理人数和基金数量也是基金公司实力的体现。

规模变动

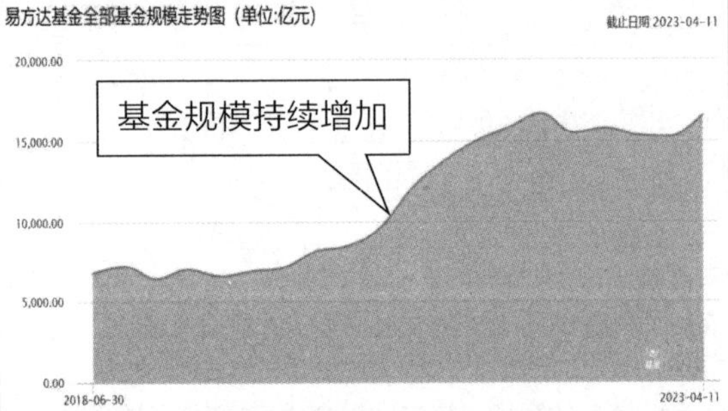

基金规模走势，尽管与外部市场环境存在一定的关联，即市场越好，基金规模增长越快，但也与自身运作成果有关。当基金运作业绩较佳时，基金管理的资产规模势必会上行。

规模比较

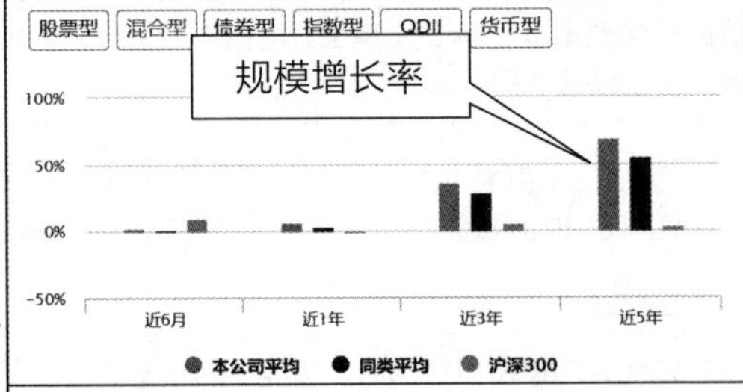

同类比较

截止日期:2023-03-31

易方达基金	混合型	平均每家公司	同类排名
基金规模(亿元)	3,630.87	305.96	1/169
基金数量(只)	226	50.38	6/169
基金经理数量	49	14.04	8/169

通过横向和纵向对比可以发现，基金公司相关基金（混合基金可切换品种）的规模增长情况以及在同类基金公司中的对比情况，也可以看出该企业擅长的管理类型。

二、公司核心投资方向

工具概述

每家基金公司都有很多基金品种，可能会涉及各个领域，并横跨股票、债券等市场，但归根结底，这些基金公司都会有各自侧重的方向。投资者在选择基金时，尽量选择其擅长领域的基金品种进行投资。

工具解读——以易方达基金为例

<table>
<tr><td>资产配置</td><td>
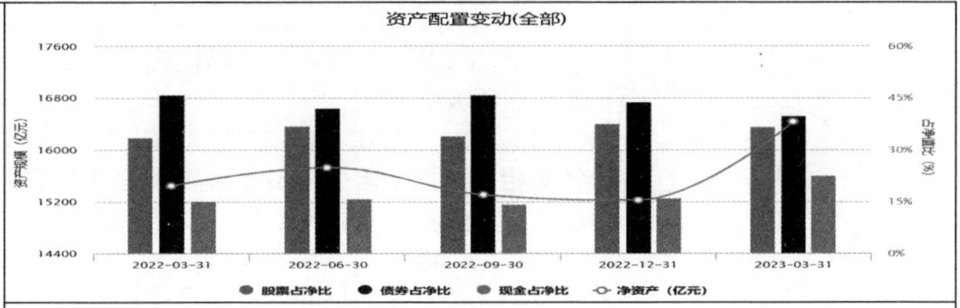

从资产配置分布上可以看出各家基金公司的投资重心。从上图可见，易方达基金的股票和债券分布较为均衡，这是典型的综合性基金公司的资产配置形态。
</td></tr>
<tr><td>资产持仓</td><td>
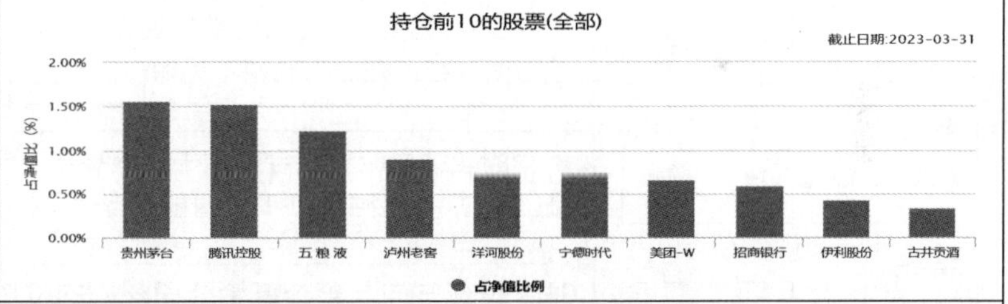

从股票或债券持仓排行上可以看出基金公司偏重的股票及行业。从上图可见，易方达基金公司比较看重消费行业以及超级绩优股等方向。
</td></tr>
<tr><td>行业配置</td><td>
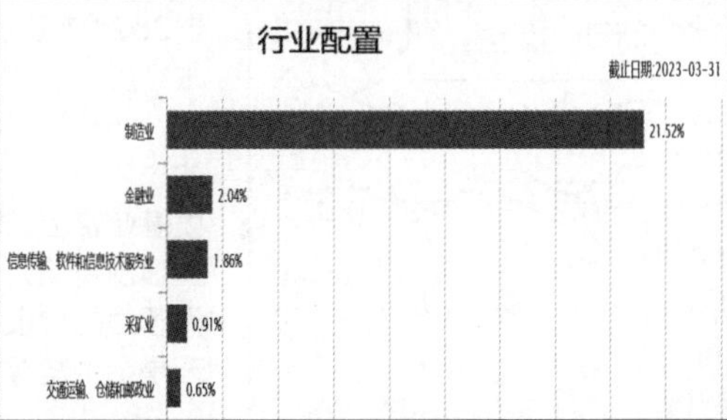

从行业配置上可以看出基金公司比较重视的行业领域和核心投资方向。左图中，易方达基金公司的投资重点在制造业方面，这与其偏重消费行业是相吻合的。
</td></tr>
</table>

三、明星基金经理与产品

工具概述

市场上有很多家基金公司，每家公司又有很多基金经理和基金品种。对于基金公司来说，如何让投资者找到自己的基金才是最关键的问题。因此，这些基金公司往往都有塑造明星基金经理与产品的需求。

工具解读

明星思维

- 市场上的投资者总是容易被短期内涨势最好的基金和基金经理所吸引。
- 各基金公司为了吸引投资者投资本公司产品，也会有意识地打造出若干明星基金和明星基金经理。
- 由于市场资金更多地涌入明星产品，使得这些产品投资的股票价格上涨，明星产品的业绩更为耀眼。

明星基金典型特征

- 明星经理：由明星经理掌舵，是明星基金最典型的特征。当然，这些明星经理在熊市时也不见得一定会更好。
- 优异业绩：优异的业绩是明星基金区别于其他基金产品的显著特征。不过，市场中很少有一直能保持优异业绩的基金。
- 优势方向：基金投资方向与整个基金公司核心的投资方向相一致，这样基金公司才能为基金助力。

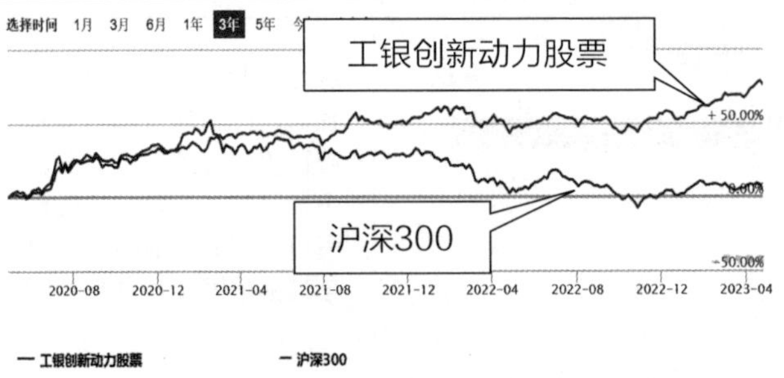

自2021年到2023年，股市经历了一波大幅振荡回调。一些先前的明星基金的光环消失，也让新的优质基金带上了明星光环。工银创新动力就是其中最为耀眼的代表，其基金经理是金牛奖得主杨鑫鑫。

第二节　维度二：基金经理分析工具

工具概述

基金经理是一个基金的掌舵人。从某种意义上来说，买基金产品，其实就是在挑基金经理。基金经理选准了，基金盈利的可能性就会大大提升。

工具解读

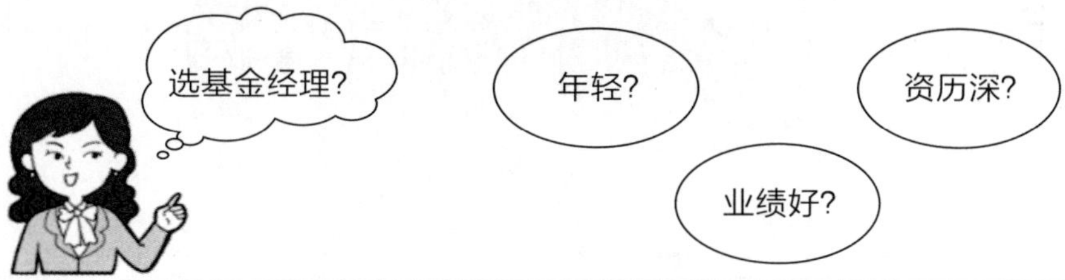

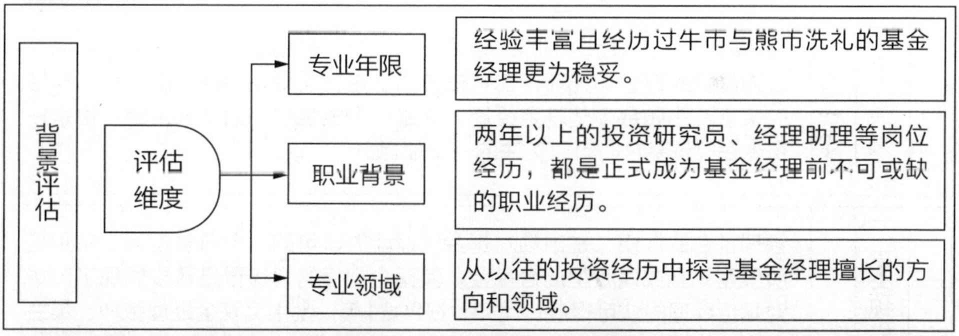

张坤管理过的基金一览

擅长领域　资历深厚

基金代码	基金名称		基金类型		任职时间
009342	易方达优质企业三年持有期混合	估值图 基金吧 档案	混合型-偏股	84.39	2020-06-17 ~ 至今
005827	易方达蓝筹精选混合	估值图 基金吧 档案	混合型-偏股	562.09	2018-09-05 ~ 至今
001373	易方达新丝路灵活配置混合	估值图 基金吧 档案	混合型-灵活	40.09	2015-11-07 ~ 2021-02-11

从以往的投资经历中可以看出，易方达基金公司经理张坤，在基金经理岗位任职超过10年，资历深厚，而且回报都比较可观。从其掌控的基金可以看出，以混合基金、股票基金为主，这也是其比较侧重的方向。

一、以往业绩评估

工具概述

不可否认，基金经理对一只基金有相当大的影响力。明星基金经理总是更能引发投资者的追随热情，进而推动基金收益走高。

工具解读

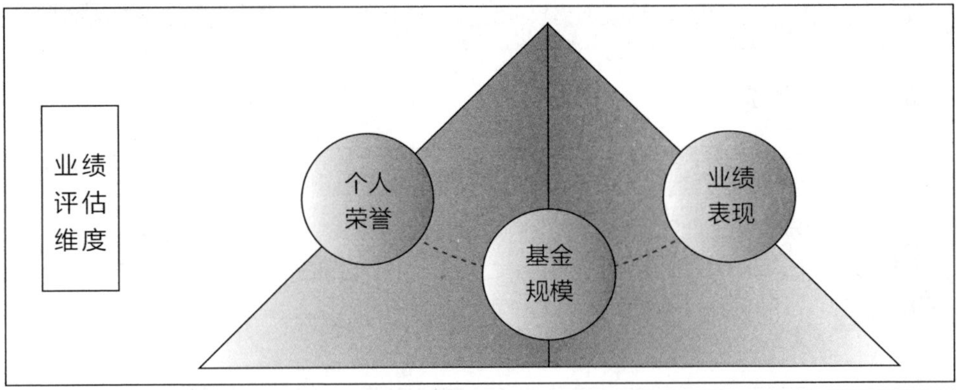

个人荣誉

通常来说，个人所取得的荣誉只能代表过去的成绩，但是这些个人荣誉会为基金经理增加光环，使其在市场上更容易受到追捧。比较有代表性的荣誉，比如金牛奖基金经理。这是一个成色极高的个人荣誉，也是投资者在筛选基金时可以关注的一个项目。

基金规模

管理基金的规模，是市场对基金经理能力认可的一个重要指标。特别是股票型基金或偏股型混合基金，其基金规模的增长更是直接体现了市场对基金经理的认可程度。比如，在2021年，金牛奖基金经理张坤、葛兰等人所管理的基金规模一度超过1000亿元大关。

业绩表现

基金代码	基金名称	相关链接	基金类型	规模（亿元）	任职时间	任职天数	任职回报
483003	工银精选平衡混合	估值图 基金吧 档案	混合型-偏股	18.49	2022-08-22～至今	248天	15.22%
000893	工银创新动力股票	估值图 基金吧 档案	股票型	29.56	2019-02-28～至今	4年又59天	107.62%

上图为工银基金基金经理杨鑫鑫旗下的两只基金收益情况。从其任职回报来看，整体回报还是非常可观的，其中工银创新动力股票的收益更是超过了100%。

二、业绩比对分析

工具概述

很多情况下，单纯地看基金经理的任职回报有很多不足，毕竟股票型或偏股型基金会受到外部环境变化的影响。

工具解读

业绩对比

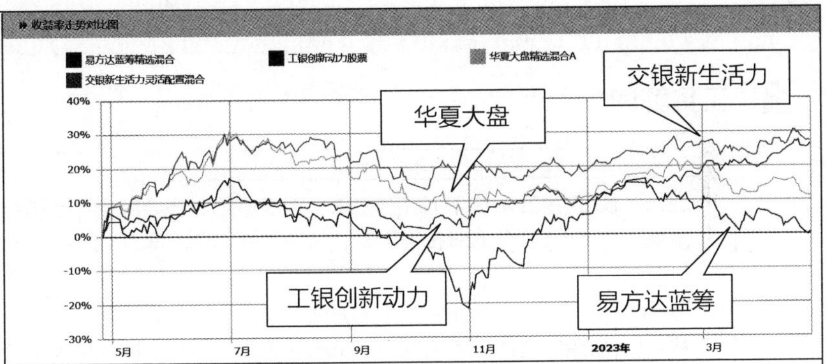

上图展示了张坤、杨鑫鑫、杨浩以及陈伟彦等四位基金经理的主打产品。从最近一年的收益率走势可以看出，工银创新动力、交银新生活力的表现较好。当然，投资者还可以将对比周期扩展到两年，甚至三年。通过相互的业绩对比来观察业绩的高低。

排名对比

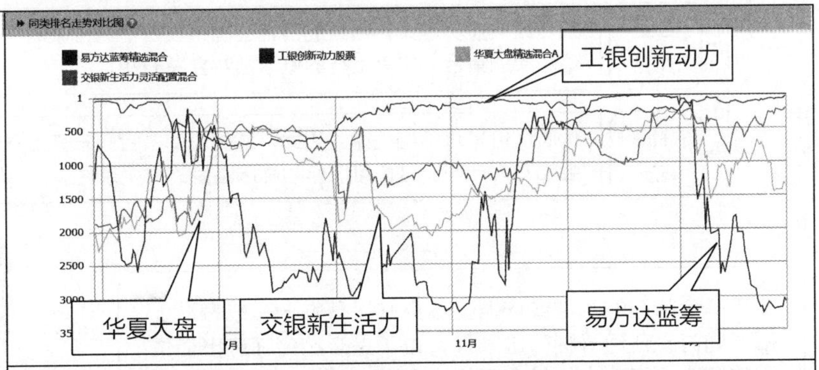

上图展示了华夏大盘、交银新生活力、工银创新动力、易方达蓝筹等四只基金的排名变动情况。从图中可以看出，易方达蓝筹最近一年的排名波动较大，而工银创新动力的排名相对更为稳定。

第三节　维度三：基金挑选与评价工具

工具概述

每个人都想买到优质的基金，然而关于优质基金的标准，却是“仁者见仁，智者见智”的。

工具解读

基金挑选条件

- **业绩涨幅**：这是最常使用的筛选方法。但在应用时还要综合考虑市场环境变化、同类基金的涨幅等因素。特别需要结合沪深300指数的涨幅来研判。
- **业绩排名**：这也是一种比较常用的方法。通过与同类基金对比，可以观察候选基金的整体走势情况，但也同样需要考虑基金持仓与板块轮动的问题。
- **波动情况**：低波动性，意味着投资拥有更强的确定性。波动越小，意味着风险相对较低。在基金领域，超级蓝筹股的波动往往低于小盘股，因而也被很多投资者看成筛选基金的一个维度。
- **估值情况**：按照经典投资理论，股票的价格会围绕其价值进行波动，因而，低估值股票的集合，未来上行的概率相对会高一些。
- **价值情况**：优质优价是永恒的规律。因此，绩优股的集合，未来上涨的概率可能会相对大一些。这也可以作为筛选基金的一个条件。

关于基金筛选的条件或依据，本身并没有唯一解或者最优解。同时，任何一种筛选条件，也不是必然会筛选出最优秀的基金。筛选出的基金可能只是过去某一时间段的优秀基金，并不意味着未来这只基金一定会表现得更好。正所谓“江山代有才人出，各领风骚数百年”。

一、业绩评估

工具概述

业绩排名是投资者最常使用的一种基金筛选工具，但在实际使用过程中，也是最难用好的一种工具。

工具解读

序号	基金代码	基金简称	日期	单位净值	累计净值	日增长率	近1周	近1月	近3月	近6月	近1年	近2年	近3年	今年来	成立来
1	290012	泰信行业精选	04-27	2.1510	2.4710	-4.31%	-6.32%	14.66%	29.58%	62.09%	71.39%	33.27%	56.10%	33.35%	182.32%
2	002583	泰信行业精选	04-27	2.1490	2.4690	-4.32%	-6.32%	14.67%	29.46%	62.07%	71.24%	33.15%	55.95%	33.23%	81.44%
3	004320	前海开源沪港	04-27	1.8308	1.8308	-5.05%	-6.00%	5.63%	26.02%	46.70%	69.77%	7.47%	55.67%	37.25%	83.08%
4	001437	易方达瑞享混	04-27	3.4700	3.4700	1.31%	-1.73%	1.37%	0.03%	15.09%	67.63%	54.36%	119.76%	3.55%	247.00%
5	001438	易方达瑞享混	04-27	2.8230	2.8230	1.29%	-1.74%	1.33%	-0.07%	14.94%	67.24%	53.67%	118.50%	3.48%	182.30%
6	519644	银河智联混合	04-27	3.2400	3.2400	-1.85%	-13.32%	-4.51%	9.61%	21.62%	63.55%	36.02%	111.21%	25.73%	224.00%
7	003397	银华体育文化	04-27	1.8300	1.8300	-6.06%	-3.07%	10.71%	44.44%	70.23%	58.58%	4.33%	40.12%	56.68%	83.00%
8	210009	金鹰核心资源	04-27	1.7020	1.8020	-1.39%	-6.38%	-2.74%	23.69%	32.35%	58.47%	43.99%	52.92%	32.86%	86.31%
9	011891	易方达先锋成	04-27	1.2194	1.2194	1.25%	-2.04%	2.48%	0.81%	16.74%	58.38%	---	---	3.83%	21.94%
10	011892	易方达先锋成	04-27	1.2117	1.2117	1.24%	-2.05%	2.44%	0.71%	16.51%	57.75%	---	---	3.70%	21.17%

上图为2022年4月28日至2023年4月27日期间的混合型基金涨幅排名。从排名情况来看，泰信（2只，基金经理为董山青）、易方达（3只，基金经理为武阳）占据了半壁江山。不过这只是一年内的收益排名，只能反映一年内的基金表现。若将时间线拉长，则这些基金未必排名这么靠前。

核心要点

- **排名周期**：不同的排名周期，各只基金的排名并不相同，毕竟市场有板块轮动的问题。因此，在各个周期的排名都比较靠前的基金，说明该基金的运作较为稳健，特别是涵盖了牛市与熊市的周期，更能说明问题。
- **参照市场**：沪深300指数是一个非常重要的参照标准。股票型基金或偏股型混合基金是否比沪深300指数更强，就是一个重要的参照标准。
- **横向对比**：横向对比同类基金的涨幅，参照同类基金的市场排名，也可以看出候选基金在市场上的位置。这也可以为投资者确认目标基金提供参考。

实战案例

业绩排名应用案例

小刘的同事们都在买入各种各样的基金，据说收益还都不错。这让小刘再也无法淡定了。但是他对基金投资一窍不通，只能求助于其他同事。他的同事也只是告诉了他一句“买业绩最好的基金”就是了。

可是，市场上那么多基金品种，哪只才是业绩最好的呢?

案例分析

单凭“业绩最好的”一条，其实是无法选出基金的。市场上的基金品类很多，有股票型基金、债券型基金，还有货币型基金。每个类别中都有一个业绩排行，也都有业绩较好的基金。关键还要看投资者的个人需求、风险承受能力等。左图给出的是股票型基金的收益排行。

一年内股票型基金收益排行榜

基金代码	基金简称	日期	单位净值	累计净值	日增长率	近1周	近1月	近3月	近6月	近1年
012768	华夏中证动漫	04-27	1.4643	1.4643	-6.30%	-0.99%	18.07%	63.04%	94.00%	87.71%
012769	华夏中证动漫	04-27	1.4572	1.4572	-6.30%	-1.00%	18.04%	62.92%	93.73%	87.16%
012728	国泰中证动漫	04-27	1.4392	1.4392	-6.39%	-0.95%	16.43%	59.40%	88.62%	83.17%
012729	国泰中证动漫	04-27	1.4313	1.4313	-6.39%	-0.96%	16.40%	59.26%	88.33%	82.61%
164818	工银中证传媒	04-27	1.0596	0.3153	-4.33%	-3.95%	6.32%	35.67%	65.15%	56.05%
010677	工银中证传媒	04-27	1.0533	1.0533	-4.33%	-3.96%	6.30%	35.58%	64.94%	55.68%
160629	鹏华中证传媒	04-27	1.1160	1.2450	-4.29%	-3.79%	6.29%	35.44%	64.84%	55.87%
004752	广发中证传媒	04-27	0.8845	0.8845	-4.26%	-3.79%	6.12%	35.31%	64.59%	54.71%
015675	鹏华中证传媒	04-27	1.4960	1.4960	-4.29%	-3.79%	6.33%	35.38%	64.58%	---
004753	广发中证传媒	04-27	0.8815	0.8815	-4.27%	-3.79%	6.10%	35.24%	64.43%	54.38%

从上图的股票型基金排行榜中可以看出，持有动漫传媒类股票的基金在最近一年的表现是非常出色的，这与该时段传媒类股票大幅上攻有直接的关系。那么，未来这类股票是否会出现回调，进而引发这类基金收益回撤呢?

技巧点拨

确认类型	根据个人风险承受能力和意愿，大致确认基金投资的类型，是选择股票型基金还是债券型基金。
查看近期排名	一般以一年、六个月左右为宜，时间太短很难看出基金走势的强弱。
切换周期	结合中长期基金收益排行，综合研判基金走势。比如，两年或三年，最好能够涵盖一个牛市和熊市周期。
确认候选	尽量选择短期和中长期排名都比较靠前的基金。
确认目标	将选出来的基金放到一起，再对持仓情况、基金经理等因素进行分析，找到最终的投资标的。

二、夏普比率

工具概述

夏普比率也叫报酬与波动性比率，由诺贝尔奖得主威廉·夏普（William Sharpe）于 20 世纪 60 年代研究出来。该指标反映了单位风险基金净值增长率超过无风险收益率的程度。

工具解读

夏普比率是目前常用的投资组合管理度量标准，其目的是计算投资组合每承受一单位总风险，会产生多少超额报酬。

无风险收益一般以国债收益为基准。假如国债的回报是3%，而投资组合预期回报是13%，该投资组合的波动率是5%。那么，该投资组合的夏普比率为：

（13%-3%）/5%=2

代表投资者风险每增长1%，换来的是2%的超额收益。

夏普比率含义

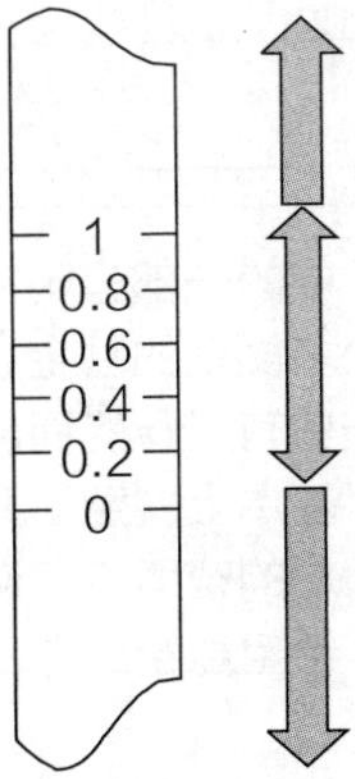

预期回报能够完全覆盖风险。数值越高，往往意味着所获得的收益可能会越大。

预期投资回报不能弥补风险，相对而言，并非良好的投资选择。

预期投资回报率低于无风险收益率，这本身就是无意义的投资活动。

工具应用

夏普比率应用要点

比较投资组合	对不同收益率的投资组合进行横向比较。综合收益与风险因素，确定最优投资组合。
相对收益	可以针对某一基金或投资组合的波动或风险情况，来评估收益情况。
失效领域	夏普比率是一种线性相关性。只要预期收益更大，可承受的风险就可能更高，但在评估高波动性基金方面容易失灵。
滞后性	夏普比率与其他指标相似，所依据的数值都是历史数值，因而预判未来的收益存在一定的滞后性。

实战案例

夏普比率应用案例

小王准备拿出手中的一部分闲钱买入一只基金，但是市场上众多类别的基金让他陷入了选择的困境。听了一些有经验的朋友的介绍，加上自己上网搜索，基本上圈定了五只备选的基金品种。他还在朋友的帮助下，调出了这五只基金的夏普比率，希望能帮助自己做出最终的投资决策。

案例分析	从右图中的基金对比数据来看，可以发现这样几点。 第一，夏普比率较高的基金，波动率和收益率也可能会同步放大。 第二，针对某一特定行业的基金，在一段时间内受整个行业影响较大，比如消费行业基金。 第三，从对比数据来看，夏普比率较高的基金更适合投资。	备选的五只基金品种

基金名称	一年收益	一年波动率	一年夏普比率
广发鑫睿一年持有混合	12.58%	19.06%	0.6
华商新趋势优选	15.02%	21.99%	0.64
易方达消费	0.07%	25.29%	-0.06
国投瑞银瑞源灵活配置	3.73%	13.56%	0.17
嘉实丰和灵活配置	2.86%	17.03%	0.08

技巧点拨	在应用夏普比率筛选基金品种时，需要注意这样几点。 第一，不同类型的基金是不能放到一起对比的。比如，2022年绝大多数偏股型基金的净值都出现了下跌，而货币基金却全部上行。此时将货币基金和偏股型基金放到一起对比就会发现，很多货币基金的夏普比率极高，这并不意味着货币型基金更具投资价值，毕竟货币型基金的波动太小，整体盈利水平一般。 第二，夏普比率在计算时都会以一定的时间段为基准。而在这一时间段内，可能正是市场热炒某一板块的时间点，这就会使投资相关板块的基金收益大增。 第三，实战过程中，投资者并没有必要自己计算夏普比率。在一些基金网站、支付宝（基金页面）都可以获取相关数据。

三、贝塔系数

工具概述

贝塔系数（Beta coefficient）是一种风险指数，用来衡量个别股票或股票型基金相对于整个股市的价格波动情况。

工具解读

贝塔系数是一种评估证券系统性风险的工具，用以度量一种证券或一个投资证券组合相对总体市场的波动性。

假如一只股票的价格和市场的价格波动性是一致的，那么这只股票的贝塔系数就是1。若股票的贝塔系数是1.5，就意味着当市场上升10%时，该股票价格上升15%；而市场下降10%时，股票的价格亦会下降15%。

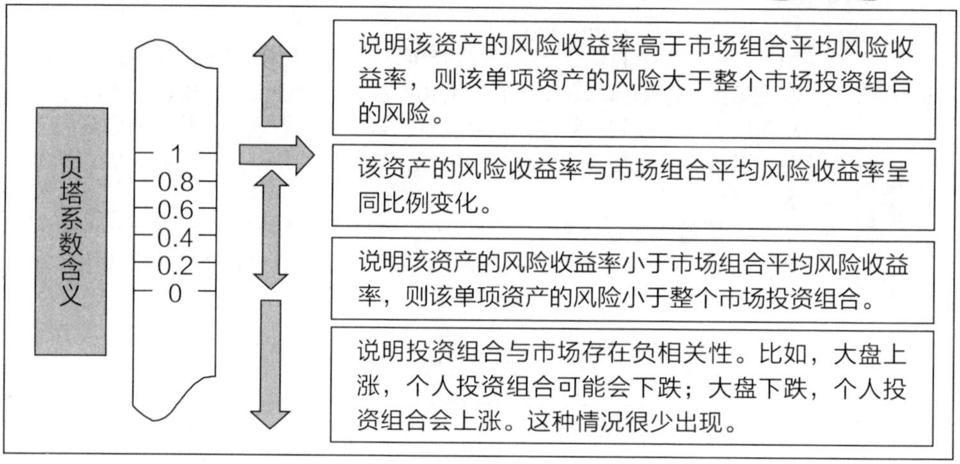

工具应用

牛市期间，贝塔系数的应用

贝塔系数从整体上反映了个别资产与市场整体收益的波动关系。因此，当牛市来临时，高贝塔系数的股票和基金将成为优先选择的目标。这些股票或基金的收益将远远超过大盘或市场的整体收益。

熊市期间，贝塔系数的应用

当熊市来临时，防御性品种将是首选的投资标的。低贝塔系数的股票和基金将成为优先选择的目标。这些股票或基金的跌幅将会低于大盘或市场的下跌幅度。

实战案例

贝塔系数应用案例

熬过了股市中最艰难的时刻，整个大盘开始显露振荡上行的态势。

看着逐渐上行的股市，小李从自身情况考虑后，还是觉得买入股票型基金更为实际一些，毕竟自己不能每天都去盯盘。同时，他还希望自己所选的基金能够超过市场平均水平，否则就不如买指数型基金了。于是，在别人的推荐下，他圈定了几只备选的基金品种，但是要想找到一只能够战胜市场平均水平的基金，又谈何容易？

案例分析

从右图中可以发现这样几点。

第一，贝塔系数较高的基金，收益波动也可能很大。

第二，贝塔系数高低与基金是盈利还是亏损关联不大，只与波动有关。

第三，贝塔系数高的基金，涨跌幅度也会更大，这些基金往往会在牛市中表现更好。

备选的五只基金品种

基金名称	涨幅（一年）	贝塔系数
前海开源公用事业股票	-5.64%	130.79
瑞远均衡价值	-9.54%	125.11
中银瑞利混合	0.81%	16.06
大成优选混合	3.64%	83.65
景顺长城泰和回报	0.68%	13.72

技巧点拨

在应用贝塔系数筛选基金品种时，需要注意这样几点。

第一，不同类型的基金是不能放到一起对比的。通常来说，股票型基金的波动往往与市场波动正相关，而债券型基金存在负相关的可能。

第二，贝塔系数越大，说明基金收益波动越大，这也是比较考验投资者心理承受能力的。贝塔系数大的基金，在牛市中往往表现比较优异，但在市场处于下行趋势时，往往也可能是跌幅较大的品种。

第三，实战过程中，投资者并没有必要自己计算贝塔系数，毕竟计算起来比较耗费精力。投资者可在一些证券APP或者股票交易软件上找到相关基金的贝塔系数。以同花顺软件为例，投资者可在【行情】|【基金】|【基金首页】选择【智能选基】中的【问财】对话框，输入“贝塔系数”，即可调出市场基金的贝塔系数排行榜；或直接输入“贝塔系数+基金名称”，也可获得某只基金的贝塔系数。

四、阿尔法系数（詹森指数）

工具概述

阿尔法系数是评价一只基金超额收益能力的指标。阿尔法系数越高，说明基金的超额获利能力越强；若该系数为负数，则意味着该基金没有达到预期的收益水平。

工具解读

阿尔法系数是基金绝对收益与预期收益的差额。

其中：绝对收益=基金实际收益−无风险收益（如一年定存利息）。

预期收益为市场平均回报（有比较复杂的计算方法，为了计算简便，通常以沪深300指数替代）与基金贝塔系数的乘积。

比如，沪深300指数涨幅为10%，而该基金的贝塔系数为1.1，则其预期回报为11%。若当年该基金的实际收益为16%，市场无风险收益为1.5%，则其阿尔法系数为：

阿尔法系数=（16%−1.5%）−11%

=3.5%

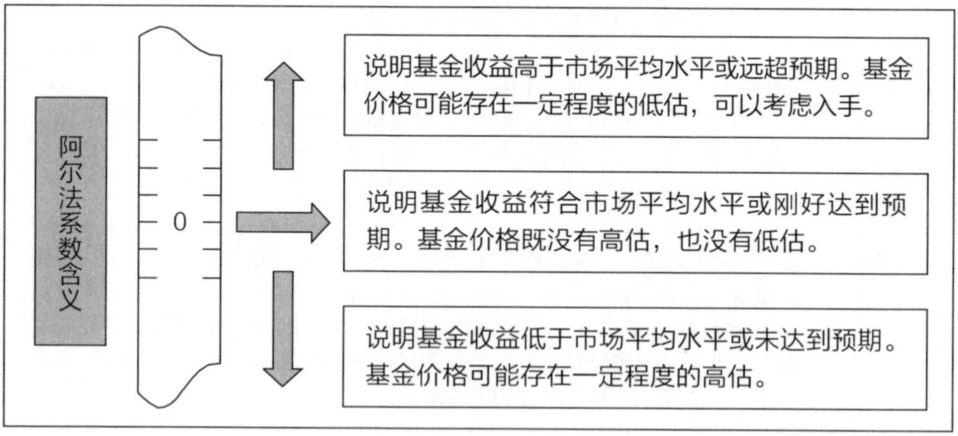

工具应用

阿尔法系数的基础应用

无论牛市与熊市，阿尔法系数都是一种相对有效的评价基金运营成效的指标。若一只基金在大多数时间里的阿尔法系数都处于正值区间，而非个别时段大幅走高，说明该基金拥有了稳定的获得超额收益的能力，属于较佳的备选投资标的。

阿尔法系数的简便应用

很多时候，投资者并不喜欢进行复杂的计算。因此，很多投资者在使用阿尔法系数时，偏向于直接使用“基金实际回报率-沪深300指数涨幅”的计算方法。

实战案例

阿尔法系数应用案例

基金收益总是会随着股市的波动而波动。在股市上行时，很多基金都出现了较大的涨幅；反之，当股市下行时，这些基金又可能出现较大的亏损。这让一直想找到一只能够超越市场平均水平基金的小刘，在选基金时特别为难。

于是，在别人的推荐下，他圈定了几只备选的基金品种，但是，要想找到一只能够战胜市场平均水平的基金，又谈何容易?

案例分析

从右图中可以发现这样几点。

第一，阿尔法系数较高，基金的收益波动也可能很大。

第二，个别时间段阿尔法系数高的基金容易找，但阿尔法系数一直很高的基金难找。

第三，阿尔法系数高的基金，往往是熊市跌幅控制较好的基金。

备选基金品种

基金名称	一年阿尔法	二年阿尔法	三年阿尔法
华夏大盘精选	5.24%	1.36%	30.65%
交银新生活力	20.55%	-7.95%	-0.4%
工银创新动力	22.73%	47.35%	75.79%
易方达蓝筹	-0.32%	-9.75%	25.08%

注：通过简便算法获得的阿尔法数据。

技巧点拨

在应用阿尔法系数筛选基金品种时，需要注意这样几点。

第一，不同类型的基金是不能放到一起对比的。通常来说，股票型基金的波动往往与市场波动正相关，而债券型基金的阿尔法系数势必都比较低。

第二，注意观察阿尔法系数在不同周期的变化，不能单凭某一时段的阿尔法系数选择基金，否则容易选到短线暴涨的基金，这类基金后续存在回撤的可能。

五、晨星投资风格箱

工具概述

晨星投资风格箱是晨星公司于 1992 年开发的一款分析基金投资风格的工具。2002 年 3 月，晨星公司又对该工具进行了一次改进，更受投资市场的欢迎。目前，该工具已经成为投资市场分析基金投资风格时，经常使用的工具之一。

工具解读

晨星投资风格箱，将市场的主要投资风格概括为两个主要的类别，即市值与价值。若将股票按市值划分，可依次分为大盘股、中盘股和小盘股；若将股票按价值与成长型划分，可分为价值股、成长股以及介于二者之间的混合体平衡型股票。

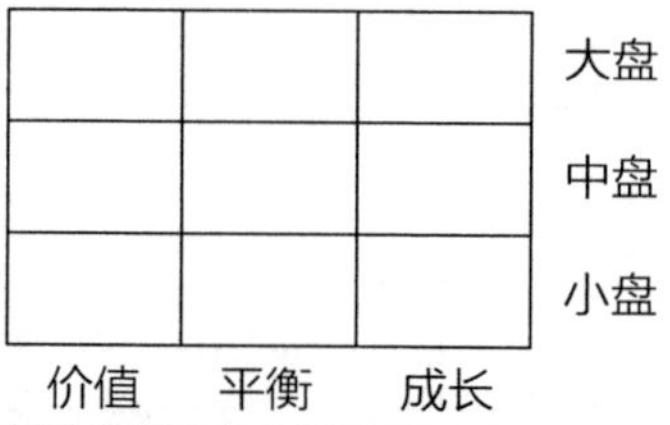

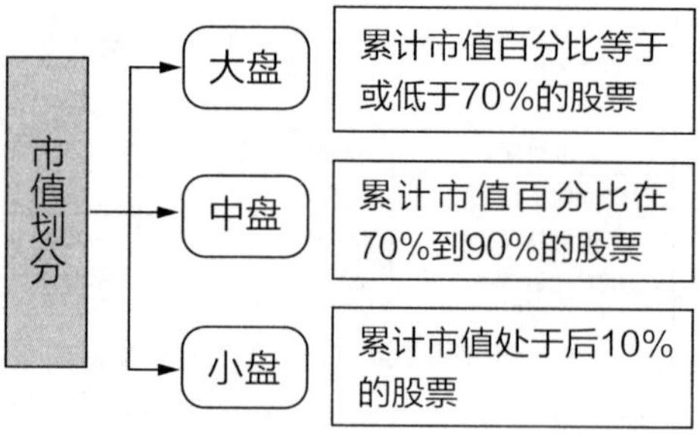

市值划分方法解读如下。

晨星将所有股票按市值大小排队，比如5、4、3、2、1。其累计市值分别为5、9（5+4）、12（9+3）、14（12+2）、15（12+1）。各股票所对应的百分比分别为33.3%、60%、80%、93.3%、100%。

按照晨星分类标准，前两只股票属于大盘股，后两只属于小盘股，中间的一只属于中盘股。

成长与价值划分

晨星投资风格箱主要通过10因子模型来评价股票属于价值型还是成长型。

价值评估指标

指标	指标解读	权重
1	预期每股收益与股价比值	50%
2	预期每股净资产与股价比值	12.5%
3	每股主营收入与股价比值	12.5%
4	每股经营现金流与股价比值	12.5%
5	每股现金红利与股价比值	12.5%

成长评估指标

指标	指标解读	权重
1	预期每股收益增长率	50%
2	每股净资产历史平均增长率	12.5%
3	主营收入历史平均增长率	12.5%
4	经营现金流历史平均增长率	12.5%
5	每股收益历史平均增长率	12.5%

每只股票会被计算出一个价值得分和成长得分。
股票风格得分=成长得分-价值得分
风格得分大于25将被定义为成长股；小于15将被定义为价值股，介于二者之间的为平衡型。

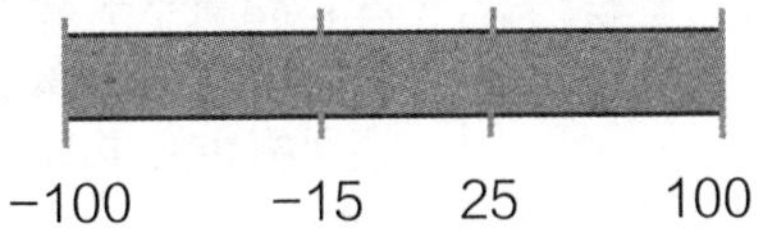

实战案例

基金投资风格分析

投资风格中，价值型到成长型，对应的风险依次变大；从大盘股到小盘股，对应的风险依次变小。投资风格越往左，越是价值投资，买入的价格就越低，就越靠谱；投资风格越往上，越是大盘股，市值越大，崩盘的可能性就越低。

右图为工银创新动力股票型基金在2023年第一季度的投资风格箱。从其持仓分布可以看出，该基金持仓以大盘股、价值股为主。大盘价值型股票占比超50%，那么其投资风格就可以定义为大盘价值型投资风格。

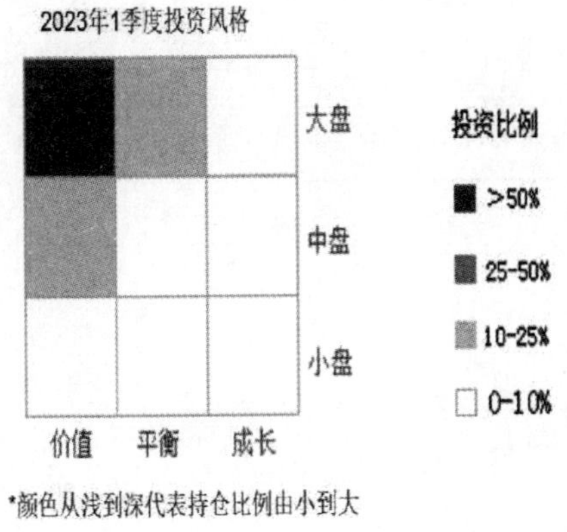

9	13	28	大盘
1	10	19	中盘
0	0	1	小盘
价值	平衡	成长	

另外，也有一些投资风格箱直接用股票数量来替代占比。也就是说，哪个风格框内股票数量多，该基金就属于哪种投资风格，如左图所示。

上图给出的是雪球基金旗下的交银全明星投顾组合的持仓数据。从投资风格箱中可以看出，大盘-成长型的股票数量最多，达到了28只。这就意味着该投资组合的投资风格偏向于大盘成长股。

提示

基金持仓股票的价格一直处于变化之中，因而其市值也处于变动之中，其属于大盘股还是中小盘股票也可能会发生变动；另一方面，随着季报的公布，股票的基本面数据也会发生变化，有时也会影响对股票属性的定位。因此，各只基金在季报公布后，其投资风格也会重新评估。

六、收益率评价法

工具概述

收益率评价法，即以每单位基金净值收益率作为评价基金绩效指标的方法。目前，该方法是筛选基金、评价基金最常用和计算最简单的一种方法。

工具解读

收益率评价法是以单位基金收益率作为比较基金运营效率的一种方法。

基金收益率=每单位基金收益/每单位基金期初净值×100%

每单位基金收益=期末基金净值−期初基金净值+分红

比如，月初某只基金的单位净值为1.01元，而月末该基金的单位净值为1.02元，月内无分红，则其月度收益率为：

收益率=（月末净值−月初净值）/月初净值×100%
=（1.02−1.01）/1.01×100%
=0.99%

序号	基金代码	基金简称	日期	单位净值	累计净值	日增长率	近1周	近1月	近3月	近6月	近1年	近2年	近3年	今年来	成立来
1	290012	泰信行业精选	04-28	2.2620	2.5820	5.16%	2.03%	22.40%	36.27%	74.54%	84.96%	38.86%	64.87%	40.24%	196.89%
2	002583	泰信行业精选	04-28	2.2600	2.5800	5.17%	2.03%	22.43%	36.14%	74.38%	84.79%	38.74%	64.72%	40.11%	90.81%
3	004320	前海开源沪港	04-28	1.9582	1.9582	6.96%	5.20%	13.33%	34.79%	61.59%	81.15%	13.71%	65.15%	46.80%	95.82%
4	003397	银华体育文化	04-28	1.9770	1.9770	8.03%	9.17%	22.64%	56.04%	90.46%	72.66%	11.38%	50.11%	69.26%	97.70%
5	519644	银河智联混合	04-28	3.3810	3.3810	4.35%	-4.00%	0.93%	14.38%	28.75%	68.97%	41.05%	117.99%	31.20%	238.10%
6	210009	金鹰核心资源	04-28	1.7550	1.8550	3.11%	1.27%	2.99%	27.54%	39.40%	67.30%	47.98%	60.13%	37.00%	92.12%
7	001437	易方达瑞享混	04-28	3.4890	3.4890	0.55%	0.58%	0.75%	0.58%	17.20%	63.73%	53.03%	122.80%	4.12%	248.90%
8	001438	易方达瑞享混	04-28	2.8390	2.8390	0.57%	0.57%	0.75%	0.50%	17.07%	63.35%	52.39%	121.45%	4.07%	183.90%

上图为2023年4月底混合型基金的收益情况。从图中可以看出，这是以近一年为周期的收益排行榜，同时排行榜中也给出了这几只基金不同周期的收益情况。从这里也可以看出，以一年为周期，收益较高的基金，并不能确保在所有周期排名都比较高。比如，银河智联混合最近一周出现了4个点的亏损，但其三年收益高达117.99%。

工具应用

收益率分析

- 周期对比：注意通过不同周期收益率的变化来研判基金运作的效果。防止选到短线暴涨暴跌式的基金品种。
- 同类对比：参照同类基金的收益率，也是研判一只基金运营效率的可靠方法。通常来说，只要收益能够超越同类基金，就是不错的成绩。
- 大盘对比：通过一只基金的收益率与大盘收益的对比，更可判断基金运营的成效。对于股票型或偏股型基金，习惯使用沪深300指数对比。

实战案例

业绩对比

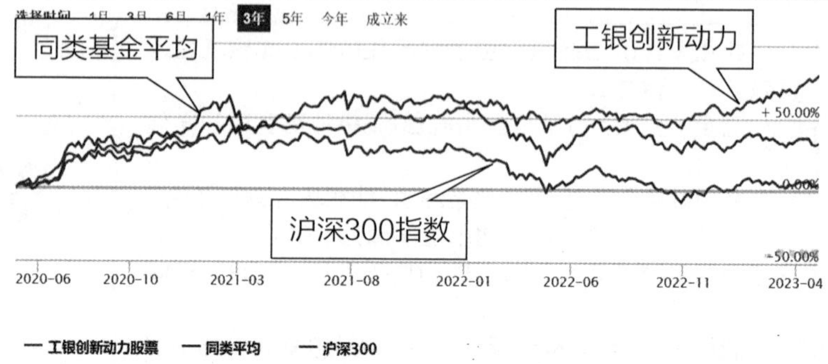

上图为工银创新动力三年内的收益率波动情况。从图中可以看出，工银创新动力的收益率超过了80%，而与此同时，同类基金的收益为33%左右，同期沪深300指数的收益为3.62%。这说明工银创新动力的收益要优于同类基金，更远远优于沪深300指数。

应用限制

- 非同类基金之间不具有可比性。股票型基金和债券型基金、混合型基金的收益与风险是不能在一起比较的，它们之间的风险也是不同的。
- 受板块轮动和投资主线切换的影响，个别基金可能在某一时间出现了较为明显的涨幅，但并不意味着这只基金会一直表现得非常优秀。
- 过去的高收益率并不意味着未来还会有较高的收益。因此，收益率情况只能作为辅助性参照指标，并不能作为唯一指标。
- 单纯地以基金收益率来评价基金经理的运营绩效也是不客观的。毕竟除了收益之外，基金经理还要考虑基金的风险等因素。

七、最大回撤

工具概述

最大回撤是衡量基金风险防控能力的一个指标。投资者在选择基金时，不仅要关注基金的收益率，还要关注基金所面临的风险。回撤幅度越小，说明风险控制得越好。

工具解读

最大回撤是指基金净值曲线峰顶到谷底最大的幅度，该指标考验了基金经理对于风险和趋势的把握能力。

回撤幅度=回撤数值/高点基金净值×100%

回撤数值=高点基金净值-低点基金净值

比如，某只基金年中曾出现一波最大回撤，回撤前高点净值为1.255元，回撤低点的净值为1.008元，则其年度最大回撤为：

回撤幅度=（高点净值-低点净值）/高点净值×100%

=（1.255-1.008）/1.255×100%

=19.68%

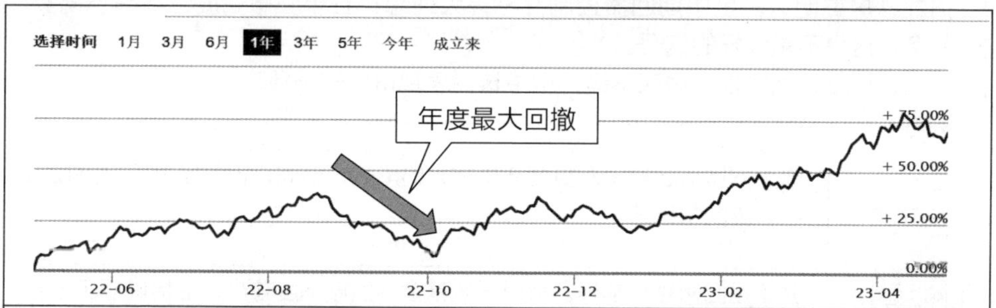

上图为金鹰科技创新股票型基金的净值走势图。从图中可以看出，其年度最大回撤发生在2022年8月到10月期间。整个基金净值从2022年8月18日的1.322元回撤至10月10日的1.031元，回撤幅度达到了22.01%。

工具应用

回撤分析

- **周期对比**：注意通过不同周期回撤幅度的变化来研判基金控制风险的效果。不同周期的最大回撤肯定不尽相同。
- **同类对比**：同类基金在同一时段的回撤幅度也是可以用来做比较的。回撤幅度越小，说明基金经理风险控制幅度越好。
- **大盘对比**：大盘暴跌，个股和基金都是难以幸免的。但若基金回撤幅度能够小于大盘回撤的幅度，说明基金经理的运作还是比较有成效的。

实战案例

回撤幅度对比

对比项目	一年回撤	三年回撤	五年回撤
金鹰科技	22.01%	41.43%	41.43%
同类基金	22.95%	39.11%	38.8%
沪深300指数	22.83%	35%	41.06%

上图为金鹰科技创新股票型基金的回撤情况与同类基金和沪深300指数的对比。从图中数据可以看出，金鹰科技创新基金一年回撤要小于沪深300指数和同类基金，这说明该基金短期内回撤控制较好；三年回撤幅度高于同类基金、沪深300指数，这说明该基金中期回撤控制并不算太理想；五年回撤幅度也要高于同类基金，这也不是较好的信号。

总之，该基金回撤幅度短期不错，但中长期表现得比较一般。

注意要点

最大回撤势必对投资复利产生较大的影响，因此，控制回撤幅度是投资者必修的基础课。

并不是回撤越小越好。有时一些基金的回撤幅度较小，恰恰说明了基金操作相对比较保守，不愿意冒风险。

对于股票型基金来说，回撤幅度尽管较大，但其反向上攻的幅度更大，这仍可看作一只不错的基金。也就是说，这类基金天生的波动性较大，只要投资者能够承受这种波动风险就可以了。

第四章
基金诊断工具

第一节　基金评级工具

工具概述

基金评级是指由基金评级机构收集有关信息，通过科学定性定量分析，依据一定的标准，对投资者投资于某一种基金后所需要承担的风险，以及能够获得的回报进行预期，并根据收益和风险的预期对基金进行排序。

工具解读

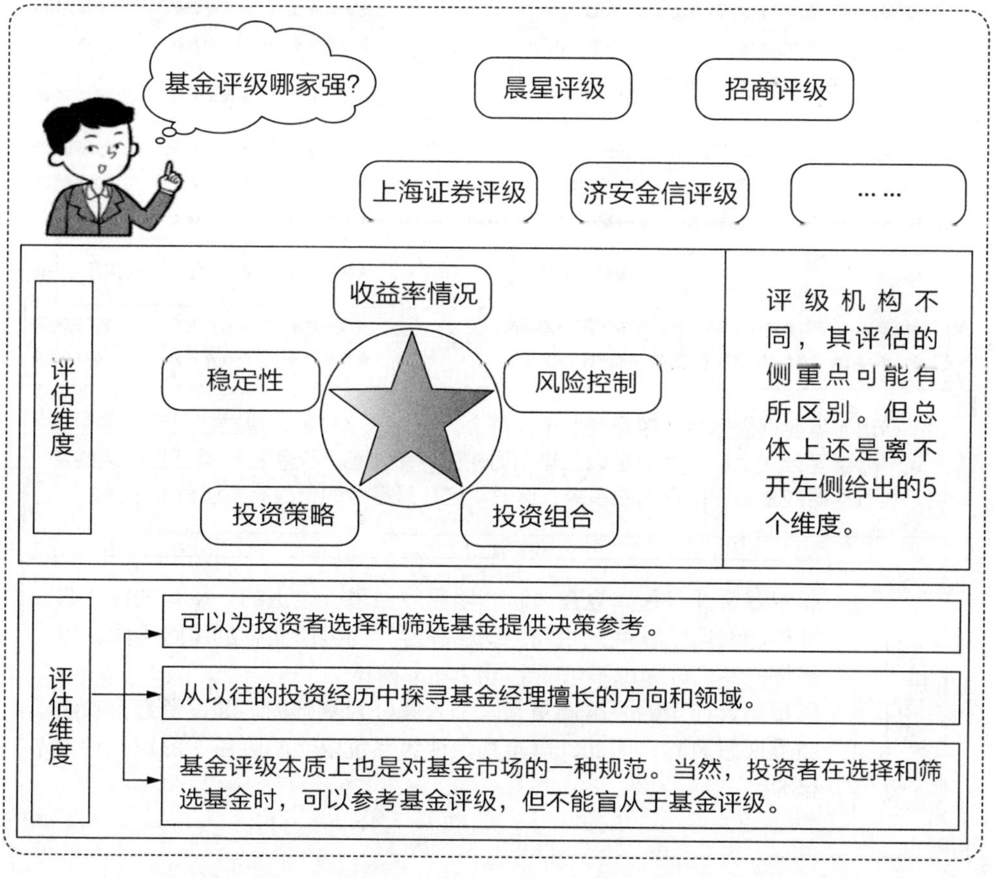

一、晨星评级

工具概述

晨星评级是目前投资市场上认可度非常高的一种评级。晨星评级是指由晨星基金评级公司对基金做出的评价。晨星等级由高到低分为五个星级，投资者可通过评级直观了解基金的运营情况。晨星公司一般只对有两年或两年以上运营历史的基金进行评级。

工具解读

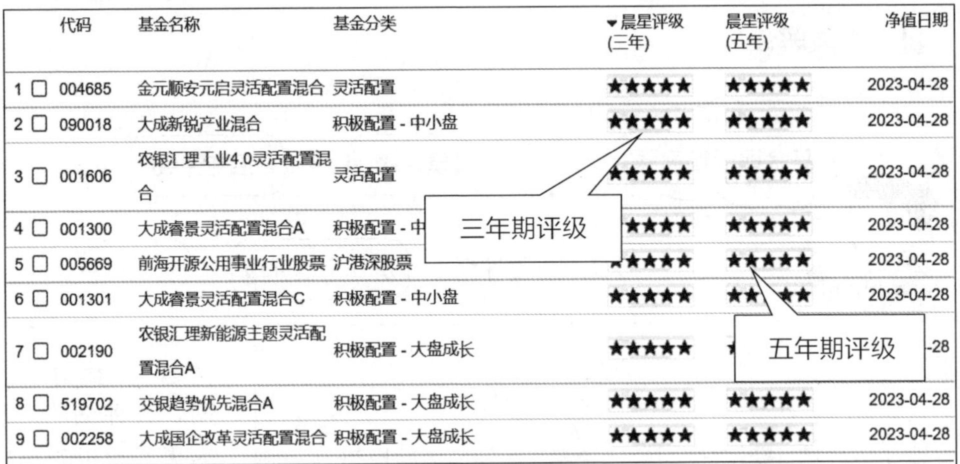

	代码	基金名称	基金分类	晨星评级(三年)	晨星评级(五年)	净值日期
1	004685	金元顺安元启灵活配置混合	灵活配置	★★★★★	★★★★★	2023-04-28
2	090018	大成新锐产业混合	积极配置 - 中小盘	★★★★★	★★★★★	2023-04-28
3	001606	农银汇理工业4.0灵活配置混合	灵活配置	★★★★★	★★★★★	2023-04-28
4	001300	大成睿景灵活配置混合A	积极配置 - 中[illegible]	[illegible]	★★★★★	2023-04-28
5	005669	前海开源公用事业行业股票	沪港深股票	[illegible]	★★★★★	2023-04-28
6	001301	大成睿景灵活配置混合C	积极配置 - 中小盘	★★★★★	[illegible]	2023-04-28
7	002190	农银汇理新能源主题灵活配置混合A	积极配置 - 大盘成长	★★★★★	[illegible]	[illegible]-28
8	519702	交银趋势优先混合A	积极配置 - 大盘成长	★★★★★	★★★★★	2023-04-28
9	002258	大成国企改革灵活配置混合	积极配置 - 大盘成长	★★★★★	★★★★★	2023-04-28

上图给出了晨星评级排名比较靠前的十只基金。当然，该排名是建立在灵活配置型基金这一分类基础之上的，而且是以三年期为主的评级排名。个别三年期五星评级的基金，其五年期的基金评级仅为四星级，这说明这几只基金的长跑能力还有待加强。

评级基础

晨星基金评级是建立在风险调整后收益基础之上的。基金的投资必然伴随着风险。两只收益相同的基金，因其所面临的风险不同，其最终的评价等级也不可能相同。

晨星基金评级的风险调整是以个人偏好为基础的，即投资者喜欢收益但厌恶风险，因此，晨星基金评级系统以奖励收益、惩罚风险为核心。

评级实施——以股票型基金为例

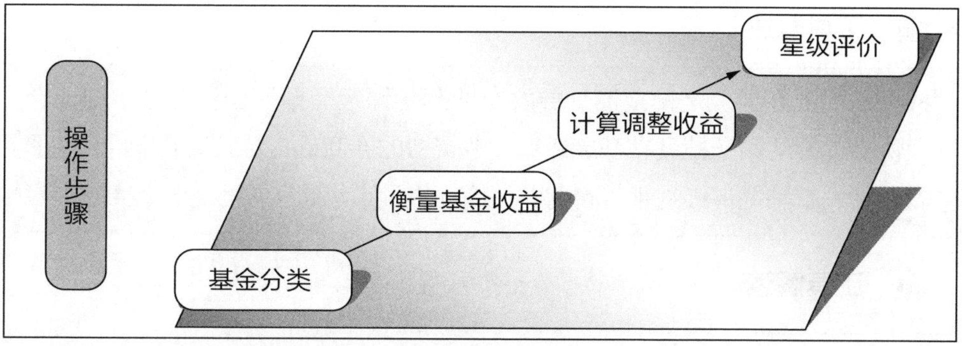

基金分类	晨星基金评级体系中，对基金划分了股票型基金、混合型基金、可转债基金、债券型基金、货币型基金等几大类别。在大类下面又细分了若干小类。
衡量基金收益	晨星基金评级一般以各基金截至当月末的过去36个月（三年评级）的回报率作为基金收益计算的基准。当然，若是五年评级，则需要以60个月的回报率作为计算基准。
计算调整收益	晨星基金评级，根据每只基金在计算期间月度回报率的波动程度，尤其是下行波动情况，以“惩罚风险”的方式对该基金的回报率进行调整；波动越大，惩罚越多，从而奖励业绩持续稳定者。具体计算过程这里不再展开。
星级评级	根据计算得出风险调整后收益，为各类基金排名，按照调整后收益由大到小进行排序：前10%被评为5星，接下来的22.5%被评为4星，中间的35%被评为3星，随后的22.5%被评为2星，最后10%被评为1星。

年度基金奖

晨星基金会从众多五星基金中评选出年度基金奖基金。

评选规则

- 年度回报率排名前1/4。
- 加权调整后收益排名较高（三年50%，两年30%，一年20%）。
- 基金管理团队稳定，一年内未更换基金经理。
- 评级基金经理主动投资能力、基金波动与下行风险、较低的运营费用等。

二、招商证券评级

工具概述

招商证券评级是由招商证券发布的基金评级。招商证券是经中国证券业协会批准的第一批具有基金评价业务资格的券商，自 2010 年开始，每季度对外发布基金评级结果。目前，招商评级的市场认可度也是比较高的。

工具解读

基金简称	基金经理	基金成立日	招证一级分类	招证二级分类	招证三级分类	三年期评级结果	五年期评级结果
汇丰晋信低碳先锋A	陆彬	2010-06-08	股票型基金	主动股票型	标准股票型	☆☆☆☆☆	☆☆☆☆☆
鹏华环保产业	孟昊	2014-03-07	股票型基金	主动股票型	标准股票型	☆☆☆☆★	☆☆☆☆★
建信中小盘A	周智硕	2014-08-20	股票型基金	主动股票型	标准股票型	☆☆☆☆☆	☆☆☆☆☆
建信潜力新蓝筹A	周智硕	2014-09-10	股票型基金	主动股票型	标准股票型	☆☆☆☆★	☆☆☆☆★
泰达宏利转型机遇A	王鹏	2014-11-18	股票型基金	主动股票型	标准股票型	☆☆☆☆★	☆☆☆☆★
工银瑞信战略转型主题A	杜洋	2015-02-16	股票型基金	主动股票型	标准股票型	☆☆☆☆★	☆☆☆☆★
工银瑞信生态环境A	何肖颉	2015-06-02	股票型基金	主动股票型	标准股票型	☆☆☆☆★	☆☆☆☆★
中银智能制造A	王伟	2015-06-19	股票型基金	主动股票型	标准股票型	☆☆☆☆★	☆☆☆☆★
交银消费新驱动	韩威俊	2015-07-01	股票型基金	主动股票型	标准股票型	☆☆☆☆★	☆☆☆☆★
创金合信资源主题A	李游	2016-11-02	股票型基金	主动股票型	标准股票型	☆☆☆☆★	☆☆☆☆★
华夏能源革新A	郑泽鸿	2017-06-07	股票型基金	主动股票型	标准股票型	☆☆☆☆☆	☆☆☆☆★
汇添富环保行业	赵剑	2014-09-16	股票型基金	主动股票型	标准股票型	☆☆☆☆★	☆☆☆★

上图给出了招商证券评级排名比较靠前的12只基金。当然，该排名是建立在股票型基金（且属于主动型股票基金）这一分类基础之上的，而且是以三年期为主的评级排名。后面也相应地给出了这些基金的五年期评级，甚至十年期评级。当然，由于很多基金的运作时间都不满十年，因而很多基金的十年评级都是空白的。

评级基础

招商证券评级遵循长期导向原则，关注基金的持续回报能力。
根据经典投资组合理论，以资本资产定价模型、单指数模型为基础，综合考虑基金收益、风险、流动性等多方面表现，并结合不同类型基金投资目标与风险收益特点设置评级指标。根据基金类别的不同，分别以阿尔法系数、夏普比率、最大回撤、跟踪误差、年化波动率、年化下行风险、年化换手率等指标进行评级。

评级实施——以股票型基金为例

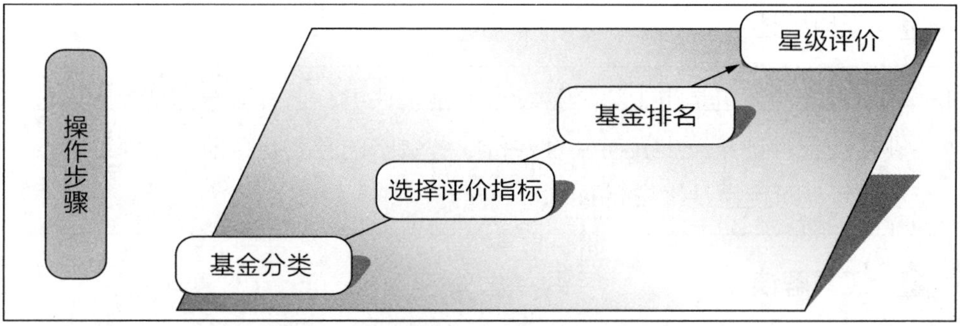

基金分类	招商证券基金评级体系中，对基金划分了股票型基金、混合型基金、债券型基金、货币型基金等几大类别。
选择评价指标	招商基金评级根据基金类别选择相应的评价指标。比如，偏股型基金，以时间加权阿尔法系数（詹森指数）为核心。 评级参考指标：基金净值与业绩比较基准的相关系数R。 根据相关系数R决定最后一颗星的颜色。在三级分类同类基金中由大到小进行排序，相关系数排名前1/3的基金最后一颗星标蓝色，相关系数后1/3的基金最后一颗星标红色，采用四舍五入确定每种颜色的基金数量。
基金排名	招商证券基金评级对参与排名的基金有一定的要求。 第一，发行/转型后在目前三级分类运行超过 18 个月。 第二，对于有多个份额的基金，基于A份额或不收取销售服务费份额的业绩进行排名。如果 A 份额存续不足 18 个月，其他份额存续超过 18 个月，基于最先发行份额的业绩进行排名。 另外，货币型基金、QDII 基金、商品基金、REITs 暂不进行排名；三级分类可排名基金数量少于 10 只暂不进行排名。
星级评级	根据评级指标值在三级分类同类基金中由大到小进行排序：前10%评为五星，接下来的22.5%评为四星，中间35%评为三星，随后的22.5%评为二星，最后10%评为一星。部分类别基金采用评级参考指标对基金工具性属性进行补充评价，以最后一颗星的颜色标示。

基金公司评级

招商证券评级体系中，除了有对各只基金的评级外，还有对基金公司的评级，也是划分五个星级的评级体系。评价维度包括综合投资能力评级、主动权益投资能力评级、主动债券投资能力评级、被动投资能力等。

三、上海证券评级

工具概述

上海证券评级是由上海证券发布的基金评级。上海证券也是经中国证券业协会批准的第一批具有基金评价业务资格的券商，目前，上海证券评级的市场认可度也是比较高的。

工具解读

代码	名称	三年				五年			
		综合评级	证券选择能力	时机选择能力	风险管理能力	综合评级	证券选择能力	时机选择能力	风险管理能力
000082	嘉实研究阿尔法股票	★★★★	★★★★★	★★★	★★★	★★★★	★★★★★	★★★	★★★
000309	大摩品质生活精选股票	★★★★★	★★★	★★★★★	★★★★	★★★★★	★★★	★★★★	★★★★
000326	南方中小盘成长股票	★★★★	★★★★★	★	★★★★				
000409	鹏华环保产业股票	★★★★	★★★★	★★★	★★★★★	★★★	★★★★	★★	★★★★★
000411	景顺长城优质成长股票	★★★	★★★★	★★★	★★	★★★	★★★★	★★★	★★

上图给出了上海证券评级排名比较靠前的几只基金。当然，该排名是建立在股票型基金（且属于主动型股票基金）这一分类基础之上的，而且是以三年期为主、五年期为辅的评级排名。从排行榜数据可以看出，上海证券评级与招商证券评级、晨星评级还稍有不同。上海证券评级不仅有综合排名，还给出了三个细分项目的评级。

评级基础

上海证券评级遵循长期导向原则，关注基金的持续回报能力。
上海证券认为基金的历史业绩是能力与运气叠加的结果，运气部分不具有持续性，能力部分具有一定的可复制性、持续性和可预期性。上海证券以二市场风险因素模型作为基础模型，比较基金业绩基准，分解基金收益来源，并评价基金的专业管理能力。

评级实施——以股票型基金为例

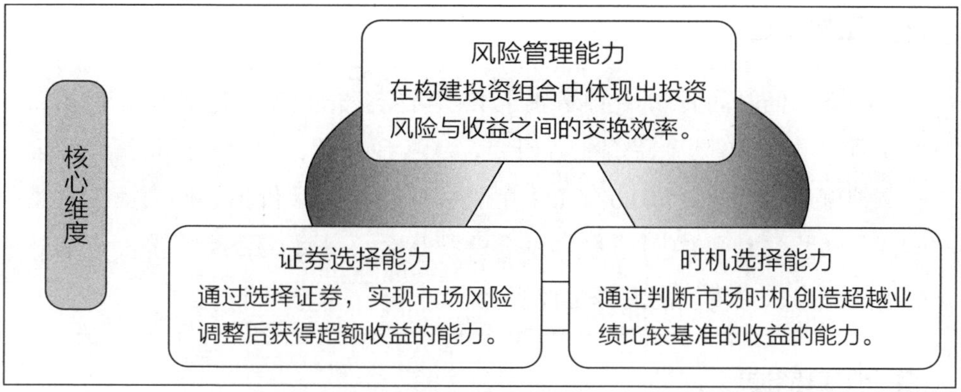

综合排名	上海证券综合评价以能力驱动业绩为核心，涵盖风险管理维度（以夏普比率计量）、证券选择维度和时机选择能力等三个维度。且三个维度的权重相同，其计算方法如下： 综合评级=1/3风险管理能力+1/3选证能力+1/3时机选择能力
证券选择能力	是基金通过选择价值被低估的证券（股票、债券）而产生市场风险调整后的超额收益的能力。上海证券运用二市场风险因素分析模型估计基金由证券选择所产生的市场风险调整后的超额收益率。
时机选择能力	基金经理根据对市场走势的判断，通过调整基金资产/行业/证券配置以增加或降低对市场的敏感度进而跑赢基金基准的能力。上海证券运用二市场风险因素模型估计基金由时机选择所产生的市场风险调整后的超额收益率。
风险管理能力	借助夏普比率衡量基金风险管理与构建有效投资组合的能力，体现为“风险—回报”交换的效率，即基金承受一个单位的总风险所产生的收益率。

上海证券将同类基金在评价时间段上的综合评级与单项指标得分进行排列，并分别赋予相应的星级。

★★★★★	排名最高15%基金
★★★★	五星以下20%基金
★★★	四星以下30%基金
★★	三星以下20%基金
★	最后15%基金

四、济安金信评级

工具概述

济安金信基金评价中心隶属于北京济安金信科技有限公司。公司自2005年开始从事基金评价业务研究，从基金产品、基金公司到基金经理三个维度进行评级。2010年5月，济安金信基金评价中心作为第三方基金评价机构，获得中国证券业协会首批基金公开评级资格。济安金信评级也是业内认可度较高的基金评级之一。

工具解读

基金简称	基金代码	基金经理	济安评级	上期评级
汇丰晋信低碳先锋股票A	540008	陆彬	★★★★★	★★★★★
交银施罗德消费新驱动股票	519714	韩威俊	★★★★★	★★★★★
鹏华环保产业股票	000409	孟昊	★★★★★	★★★★★
建信中小盘先锋股票A	000729	周智硕	★★★★★	★★★★★
建信潜力新蓝筹股票A	000756	周智硕	★★★★★	★★★★★
泰达宏利转型机遇股票A	000828	王鹏	★★★★★	★★★★★
大成高新技术产业股票A	000628	刘旭	★★★★★	★★★★
工银瑞信战略转型主题股票A	000991	杜洋	★★★★★	★★★★★
金鹰科技创新股票	001167	陈颖	★★★★★	★★★★

济安金信基金评级信息披露　股票型基金分类说明　评级日期：2023-03-31　more >

上图给出了济安金信评级中股票型基金排名比较靠前的几只基金。济安金信每季度进行一次基金评级。该评级机构不仅会为股票型基金、债券型基金、指数型基金等公募基金评级，还会针对私募基金进行评级。同时，基金类型不同，评级的维度也会有所不同。

评级基础

济安金信评级对于公募基金产品的评价，首先建立在其遵守各种法律法规的规定和基金契约的刚性约束基础上，结合基金产品的风险收益特征，针对不同类别，分别从基金盈利能力、抗风险能力、业绩稳定性、选股能力、择时能力、选基能力、基准跟踪能力、超额收益能力和整体费用等九个方面进行评估。

评级实施——以股票型基金为例

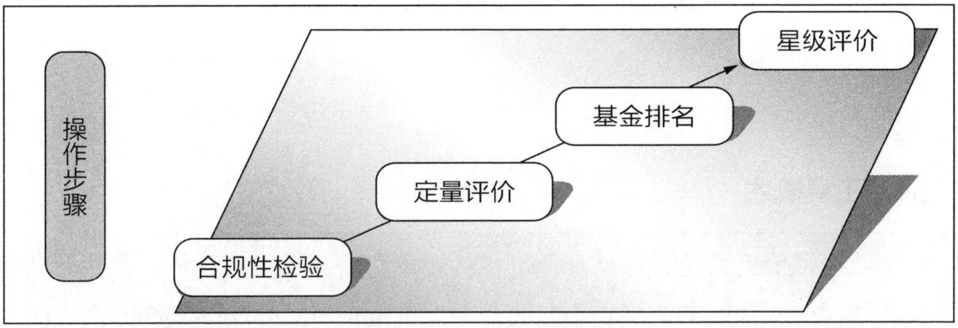

合规性检查	这是济安金信评级最大的一个特色。经过定性分析与风格漂移测算，对于基金和基金公司进行合规性检验。将不满足合规性的基金公司和基金品种剔除评价范畴。济安金信认为，基金产品作为一种信托资产，当产品的实际投资风格与基金合同约定的投资风格发生偏离，可能会给对基金合约保持信任的投资者造成额外的损失。因此，当基金产品实际投资标的的风格与基金合同中约定风格严重不符时，即认定为出现风格漂移。这类基金品种将会被剔除评级范围。

进行以同类基金业绩、基金基准和基金投资标的为基础的定量评价。股票型基金与混合型基金从以下三个维度入手，其中盈利能力最为核心。

定量评价	盈利能力	阶段收益、阿尔法系数（詹森指数）
	抗风险能力	亏损频率、平均亏损
	选股择时能力	组合平均市盈率、市净率、平均资产收益率

类内排名	每3个月进行一次评估，并依据评级维度与具体指标和权重配置进行类内排名。评估时间为基金以往的表现（非货币市场基金的评估期间为36个月，货币市场基金为12个月）。

星级评价

★★★★★	排名最高10%基金
★★★★	五星以下22.5%基金
★★★	四星以下35%基金
★★	三星以下22.5%基金
★	最后10%基金

第二节　业绩评价工具

工具概述

业绩评价工具是很多基金评价机构或投资研究机构在分析、判断基金运营情况时所使用的工具。不同的基金评价机构所选择的工具和方法可能会有所不同。

工具解读

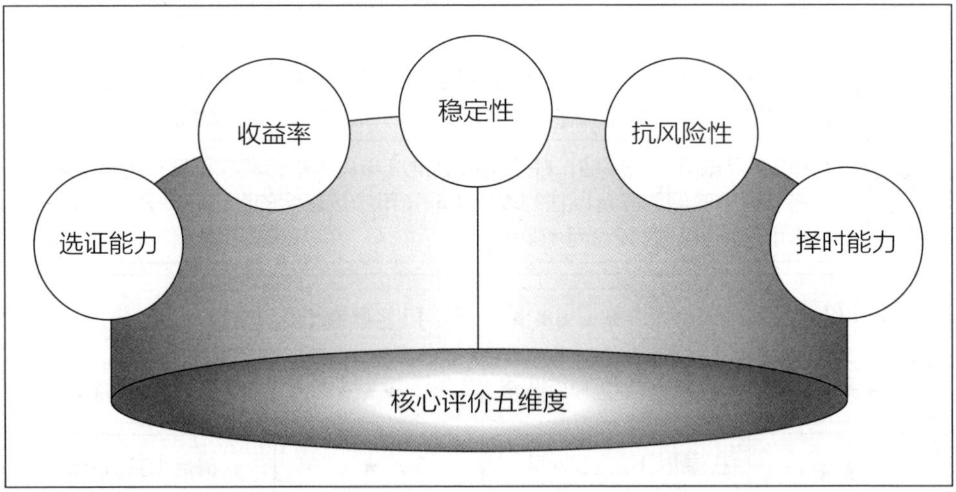

选证能力评估机会	选证能力是评价基金投资管理一个最核心的能力指标。本质上就是衡量基金管理者选择证券、股票的能力。从本质上来说，选证能力就是基金选择价值被低估证券的能力。	选证能力的评价指标有很多，比如上海证券基金评价标准中，就采用二市场风险因素分析模型来估计基金由证券选择所产生的市场风险调整后的超额收益。
择时能力	择时能力是基金根据对市场走势的判断，通过调整基金资产/行业/证券配置，以增加或降低对市场的敏感度进而跑赢基金基准的能力。用通俗的话来说，就是看基金能否在牛市或熊市来临时，及时加仓或减仓。	择时能力的评价指标有很多，比如经典的T–M模型、H–M模型、C–L模型等。 由于这些模型计算相对复杂，这里不再进行过多介绍。
抗风险性	抗风险性也是评价基金管理能力的核心指标之一。基金投资本身就是一种通过自身承受风险以换取收益（回报）的活动。因而，对基金抗风险性的评估，多数都围绕基金风险与收益的关系来进行。单位风险能够获得的收益越高越好。	抗风险性的评价指标有很多，比如经典的夏普比率、索提诺比率、特雷诺比率、回撤比率等。
收益率	收益率目前仍是投资者选择和评价基金最常用的一个指标，也是最简单、最直接的评价指标。收益率反映了某一基金或证券组合在一定时间内所获得的回报。	收益率也有简单的区间收益率和平均收益率之分。最常用的还是区间收益率。
稳定性	稳定性是反映基金收益波动的一个指标。波动越大的基金，稳定性就越不好，投资者面临的风险也会更大。这里也涉及风险与收益的平衡问题。	最常用的评估基金稳定性的指标就是标准差。

工具应用

用途

- 评估基金单一维度的运营绩效以及在同类基金中的排名。
- 帮助对某一维度有特殊需求的投资者选择基金品种。比如，有的投资者偏好抗风险能力较强的基金；有的投资者偏爱稳定性好的基金等。

一、信息比率

工具概述

信息比率是衡量基金经理主动管理能力的一个指标。信息比率越高，则基金经理的主动管理能力越强。

工具解读

从字面上，大家是不可能看出其所要表达的含义的。信息比率其实和信息没有任何关系，只与跟踪的指数标的存在一定的关联。

信息比率是从主动管理角度描述风险调整后收益的。其构建在马克维茨（Markowitz）的均异模型的基础之上。用通俗的话来解释，即基金管理者通过主动调整股票持仓，使得基金走势与追踪指数产生偏差，这种偏差到底能给投资带来多少超额利润。其简化后的公式为：

信息比率=超额利润/主动风险

从这一点上来看，信息比率越高，说明基金管理者的主动管理能力越强。

辨析

从信息比率的计量上来看，其与夏普比率有几分相似之处，不过二者之间的差异也是显而易见的。夏普比率对标的基准为无风险利率，也就是相对于不承担任何风险的情况下所取得的超额利润比率，这是从绝对收益和总风险角度来考虑的；而信息比率对标的是某一指数，这个指数就是该基金所跟踪或参照的标的，衡量的是基金管理者主动管理的能力。

实战案例

信息比率应用案例

小李是一个相对“资深”的基金投资者。研究了几年的基金，他发现很多基金的管理水平不高，大部分都是随着市场的波动而波动。很多基金在牛市时根本没有跑赢指数，到了熊市又跌得远远超过了指数。

因此，他开始研究，寻找一只比指数走势强的基金，认为这样的投资才有意义，否则还不如买指数基金。

需求解读

基金的涨跌到底有多少受大盘影响，又有多少与基金经理的操作有关，这是很多投资者都关心的问题。信息比率在一定程度上能够帮助投资者了解这一问题。

首先，指数走势基本上可以定义为整个市场的走势。若基金收益能够超过指数，则意味着基金经理的主动管理能力较强，超过部分的利润就是其能力的证明。

但若购买该基金承担的风险非常高（即基金波动与追踪指数存在较大的偏差），则需考虑收益与风险的平衡问题。

从趋利避害的角度来看，投资者希望为多承担的每一份风险（基金与指数之间存在一个偏差单位）换来更高的收益。

因此，选择信息比率较高的基金就是相对明智的选择。

案例

假如某只基金追踪的指数是沪深300指数。某一年度，该基金的收益率为3.55%，而同期沪深300指数的收益率为-0.56%，该基金对沪深300指数的跟踪误差为1.5%。那么，此时该基金的信息比率为：

信息比率=[3.55%-（-0.56%）]/1.5%

=2.74

整体上来看，这是一个相对不错的数值。

制约因素：

- 基金经理预测的准确度。
- 受环境和规则限制，基金经理能否自由调整仓位。
- 基金经理独立做决策的次数。

基金经理的主动能力是影响信息比率的关键因素，但基金经理主动能力的发挥又受左侧三方面因素制约。

二、稳定性——标准差

工具概述

基金收益稳定性是投资者选择和评价基金时经常参照的一个维度。基金收益稳定性通常用基金收益标准差来衡量。

工具解读

标准差指的是在过去一段时间内，基金回报率相对于均值的偏差程度大小，代表基金总回报率的波动幅度，计算周期可以是日、周、月、年，数值越大，通常说明基金的风险程度越高。

标准差一般用 σ 来表示，其计算公式为：

$$\sigma = \sqrt{\frac{\sum_{i=1}^{N}(x_i-\mu)^2}{N}}$$

其中，x_i为第i期的基金收益率；

μ为基金平均收益；

N为基金收益期数。

标准差的计算比较复杂，还用到了方差等公式。投资者一般无须自己计算，可以在一些基金投资网站直接查询。

基金风险指标	近1年	近2年	近3年
标准差	15.86%	18.40%	19.54%

上图为天天基金网给出的华夏成长混合基金的标准差数据。该数据共分为三个周期，分别是1年期、2年期和3年期的标准差。

标准差直接反映了基金收益率的波动程度。标准差越小，基金的历史阶段收益越稳定。

实战案例

标准差应用案例

李威也算是一位小有经验的基民了，但还是常常被一些基金评价工具搞得焦头烂额。标准差就是其中一只。

基金的标准差越大，说明基金稳定性不佳，可是若这只基金的收益同时还很好，又怎么看呢？两只基金之间，是不是标准差越小越好？

这些问题常常困扰着他。

需求解读

通常来说，标准差就是基金净值波动的范围。比如，一只基金的标准差达到了25%，意味着该只基金可能取得比市场均值高25%的收益，也可能会出现低于市场均值25%的亏损。换句话说，作为投资者只有做好承受25%亏损的心理准备后，才可能搏击25%的利润。这都是投资者要承受的。

实操案例

假如A基金的年度收益为36%，其标准差为28%；而B基金的年度收益为24%，其标准差为16%。

则，A基金的每单位风险收益率=36%/28%=1.29，B基金的每单位风险收益率=24%/16%= 1.5。

也就是说，购买A基金承担每单位风险后能够获得1.29的收益；购买B基金承担每单位风险后能够获得1.5的收益。购买B基金从风险收益角度来看更为合理。

技巧点拨

通过标准差评价基金品种时，需要注意这样几点。

第一，不同类型的基金其标准差是完全不同的。比如，货币基金的标准差就非常小，可能也就在0.2左右；而债券基金的标准差可能会上升至2～5左右；股票型基金或偏股型基金的标准差波动范围就比较大了，有可能达到20以上，甚至30以上。

第二，标准差在计算时都会以一定的时间段为基准，而在这一时间段内，可能正是市场上热炒某一板块的时间点，这就会促使相关基金的标准差和收益同步大幅走高。

第三，实战过程中，投资者并没有必要自己计算标准差。在一些基金网站（如天天基金网）、支付宝（基金页面）都可以获取相关的数据。

三、索提诺比率

工具概述

索提诺（Sortino）比率是一种衡量投资组合相对表现的方法。与夏普比率有一定相似性，但也存在很大的不同。

工具解读

索提诺比率将基金净值的波动分成了向上与向下两类，并将向下波动风险作为衡量投资收益的基础。

其计算公式如下：

索提诺比率=区间收益−无风险收益/下行标准差

索提诺比率越高，表明基金承担相同单位下行风险能获得更高的超额回报率。

辨析

从索提诺比率的计量上来看，其与夏普比率、卡玛比率等都有几分相似之处。其反映的核心问题仍是风险与收益的相对关系。在索提诺比率中，风险因素使用的是下行标准差，这就意味着该指标以下行风险为主要考量对象，而非全部的波动风险。

投资者可通过“好买基金”APP查询各只基金的索提诺比率指标。
进入任意一只基金，点击【基金指标分析】|【性价比指标】，即可查看。

索提诺比率应用案例

小王最近非常痴迷于基金投资，追踪了几只基金的收益情况，一时间对该选择哪只基金犹豫不决。对比收益是最简单的，但又怕有些基金的波动太大，特别是向下波动幅度过大，将来让自己的投资面临较大的风险。

需求解读

投资者都希望自己的投资能够在收益与风险方面取得一定的平衡。而关于风险与收益的计量方式，就是各个指标工具的区别所在。从收益角度来看，索提诺比率是以扣除无风险收益后的调整后收益为基准的，而风险因素主要考虑的是收益的下行波动标准差。从这一点上来看，索提诺比率相对比较符合投资者筛选基金的需求。

实操案例

假如市场的无风险收益为3%，A基金的年度收益为48%，其下行波动率为15%；而B基金的年度收益为32%，其下行波动率为12%。
则，A基金的索提诺比率=（48%−3%）/15%=3，B基金的索提诺比率=（32%−3%）/12%= 2.42。
也就是说，购买A基金承担每单位下行波动风险后能够获得3的收益；购买B基金承担每单位下行波动风险后能够获得2.42的收益。购买A基金从性价比角度来看更为合理。

技巧点拨

通过索提诺比率评价基金品种时，需要注意这样几点。

第一，下行风险是索提诺比率重点关注的方向，也是其与其他基金评价指标较为明显的区别。该指标实质上是以承担相应风险的前提下，选择获益更高的基金品种。当然，一些货币基金可能不会有下行风险，就不适合使用该评价指标了。

第二，索提诺比率的收益是建立在超越无风险收益基础之上的。若基金收益无法战胜无风险收益，则失去了用该指标评价基金的意义了。

四、卡玛比率

工具概述

卡玛比率衡量的是在购买投资产品时，投资者承受每单位回撤能够获得的收益水平。

工具解读

卡玛比率是衡量基金性价比的重要指标之一，反映了基金的区间年化收益率与基金的区间最大回撤率之比。其计算公式如下：

卡玛比率=区间年化收益率/区间最大回撤率

卡玛比率越高，说明基金承受回撤损失时，可能换回的收益越高。

辨析

从卡玛比率的计量上来看，其与夏普比率、信息比率都有几分相似之处。其反映的核心问题仍是风险与收益的相对关系。在卡玛比率中，风险因素使用的是最大回撤比率，而非波动比率，这就意味着投资者在愿意承担相应的下行风险时所能获得的投资收益。

投资者可通过“天天基金网”APP查询各只基金的卡玛比率，即性价比指标，如右图所示。

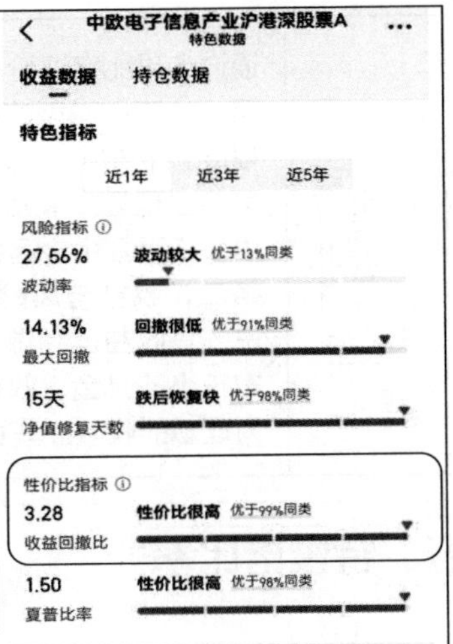

卡玛比率应用案例

小孙是一位刚刚开始基金投资的小白。听其他老基民讲，做投资需要兼顾风险与收益的问题。不过，对于投资新手来说，风险与收益到底如何衡量才更科学或者适合自己，常常让他感到困惑。

需求解读

从某种意义上来说，投资的本质就是预期的风险与收益达到一种平衡。而关于风险与收益的计量方式，就是各个指标工具的区别所在。对于新进入投资领域的基金小白来说，卡玛比率是一个不错的选择。卡玛比率，又称为性价比指标，是衡量每单位回撤（风险）能够换来多少收益的一个指标。该指标越高，说明每承受一单位的回撤所能换来的收益越高。

实操案例

假如A基金的年度收益率为38%，其最大回撤率为36%；而B基金的年度收益率为24%，其最大回撤率为12%。

则，A基金的卡玛比率=38%/36%=1.06，B基金的卡玛比率=24%/2%=2。

也就是说，购买A基金承担每单位回撤风险后能够获得1.06的收益；购买B基金承担每单位回撤风险后能够获得2的收益。购买B基金从性价比角度来看更为合理。

技巧点拨	通过卡玛比率评价基金品种时，需要注意这样几点。 第一，不同类型的基金，其标准差是完全不同的。比如，货币基金的回撤幅度就非常小，甚至不会出现回撤；股票型基金或偏股型基金在熊市时，可能出现幅度非常大的回撤。当然，从收益角度来看，二者也不可同日而语。货币基金永远也不可能获得股票型基金的收益。 第二，收益与风险是相对的。卡玛比率高，说明相对收益的回撤幅度来说，其收益已经做了很多补偿，这是一个非常划算的选择；反之，一些回撤较小的基金，收益也可能很低，这类基金是稳定，但也可能不会取得较为理想的收入。毕竟我们买入基金是为了盈利。

五、特雷诺比率

工具概述

特雷诺（Treynor）比率衡量的是在购买投资产品时，投资者承受每单位系统风险能够获得的收益水平。

工具解读

特雷诺比率与夏普比率、索提诺比率相似，本质上都是衡量风险溢价的指标，只是侧重点稍有不同。特雷诺指标在风险因子方面选择了系统风险（β值）作为评价的基准。

其计算公式如下：

特雷诺比率=平均收益率−无风险收益/系统风险（β）

特雷诺比率越高，表明基金承担相同单位系统风险能获得更高的超额回报率。

辨析

从特雷诺比率的计量上来看，其与夏普比率、卡玛比率都有几分相似之处。其反映的核心问题仍是风险与收益的相对关系。在特雷诺比率中，风险因素使用的是系统风险（β值）。这也就意味着，该指标以系统波动风险为主要考量对象，而收益则以平均收益扣除无风险收益作为基准。

投资者可通过“好买基金”APP查询各只基金特雷诺比率指标。
进入任意一只基金，点击【基金指标分析】|【性价比指标】，即可查看。

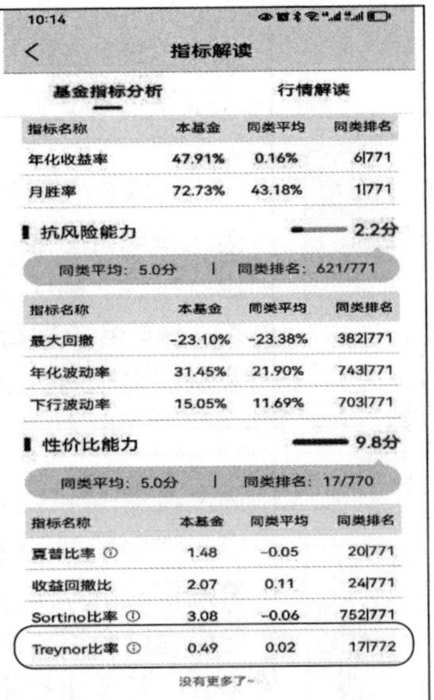

指标名称	本基金	同类平均	同类排名
年化收益率	47.91%	0.16%	6|771
月胜率	72.73%	43.18%	1|771

抗风险能力 2.2分
同类平均：5.0分 | 同类排名：621/771

指标名称	本基金	同类平均	同类排名
最大回撤	-23.10%	-23.38%	382|771
年化波动率	31.45%	21.90%	743|771
下行波动率	15.05%	11.69%	703|771

性价比能力 9.8分
同类平均：5.0分 | 同类排名：17/770

指标名称	本基金	同类平均	同类排名
夏普比率	1.48	-0.05	20|771
收益回撤比	2.07	0.11	24|771
Sortino比率	3.08	-0.06	752|771
Treynor比率	0.49	0.02	17|772

没有更多了~

特雷诺比率应用案例

小李已经有五年多的基金投资经验了，不过对于基金收益与风险的评估还停留在看平均收益、基金年化波动等方面。更深入地反映收益与风险之间相互关系的指标，他了解得还十分有限。

需求解读

小李的经历还是很有代表性的。很多基金投资者都是从小白一路向专业的基金投资者进阶的。在这个过程中，也是从简单地了解基金收益与波动，到一点点地深入剖析与评价基金收益与风险关系的。从这个角度来看，已经有了五年基金投资经验的小李，也可以通过特雷诺比率来审视自己所投资的基金，进而判断基金的收益与风险对比是否合适。

实操案例	假如市场的无风险收益为3%，A基金的年度平均收益为24%，其系统风险率（即β值）为1.2；而B基金的年度收益为32%，其下行波动率为1.8%。 则，A基金的特雷诺比率=（24%−3%）/1.2=17.5%，B基金的特雷诺比率=（32%−3%）/1.8= 16.11%。 也就是说，购买A基金承担每单位系统风险后能够获得17.5%的收益；购买B基金承担每单位系统风险后能够获得16.11%的收益。购买A基金从性价比角度来看更为合理。

技巧点拨	通过特雷诺比率评价基金品种时，需要注意这样几点。 第一，系统风险是特雷诺比率重点关注的方向，也是其与其他基金评价指标较为明显的区别。系统风险的衡量方法在前面的贝塔比率章节已经有过介绍，这里不再赘述。 第二，特雷诺比率与索提诺比率相似，其收益也是建立在超越无风险收益基础之上的。若基金收益无法战胜无风险收益，则失去了用该指标评价基金的意义。

第三节　财务分析工具

你在干嘛？买个基金用看得这么细吗？
当然，无论基金还是股票，这毕竟是一项投资。
可是这能看出什么呢？
你可以了解这些基金的收入构成情况、费用支出情况啊！毕竟自己投入的钱，看看基金公司都花到什么地方了！

一、基础财务指标

工具概述

基础财务指标涵盖了最核心、最重要的几个基金运作的财务指标，包括本期收益、本期利润、可供分配利润以及基金净值增长情况等数据。

工具解读

投资基金并不像投资股票，一般来说，普通投资者不用对基金的各项财务指标进行仔细的分析，但从长远的基金投资考虑，对最基础的财务数据还是要有所了解。

核心财务指标

- **本期收益**：基金在某一阶段实现的全部收益额，涵盖了利息收入、投资收益、其他收入（不含公允价值变动）扣除相关费用余额。
- **本期利润**：基金在一个阶段内全部损益的总和，涵盖了公允价值变动损益。这部分损益往往是基金净值变动最主要的组成部分。
- **可供分配利润**：期末资产负债表中未分配利润与未分配利润中已实现部分的孰低数。
- **未分配利润**：此部分利润为进行利润分配后的剩余额，将转入下期分配。

期间数据和指标	2022-12-31	2022-06-30	2021-12-31	2021-06-30
本期已实现收益	-47,418,152.93	-22,560,663.73	76,532,916.20	41,405,615.98
本期利润	-71,999,692.56	-31,356,712.31	29,450,108.55	59,706,854.13
加权平均基金份额本期利润	-0.52	-0.22	0.18	0.34
本期加权平均净值利润率	-33.50%	-13.26%	9.35%	18.47%
本期基金份额净值增长率	-26.66%	-10.66%	8.71%	19.87%
期末数据和指标	**2022-12-31**	**2022-06-30**	**2021-12-31**	**2021-06-30**
期末可供分配利润	50,298,307.82	94,782,696.08	134,907,572.66	177,976,946.15
期末可供分配基金份额利润	0.39	0.69	0.90	1.09
期末基金资产净值	179,049,101.17	231,327,987.67	285,437,012.51	341,151,557.37
期末基金份额净值	1.39	1.69	1.90	2.09

投资者可通过“天天基金网”等网站查询各项财务指标。

左侧图表为“银华估值优势混合”基金核心财务指标数据。

从图中可以看出，在2022年下半年的两期财报中，该基金都出现了亏损，其利润亏损幅度远大于收益数额，这说明该基金的公允价值下跌得更为剧烈，这与市场环境直接相关。

二、收入分析

工具概述

收入分析，即对基金的各项收入与利润来源以及占比进行分析，以判断一定时间内基金的经营成果。

工具解读

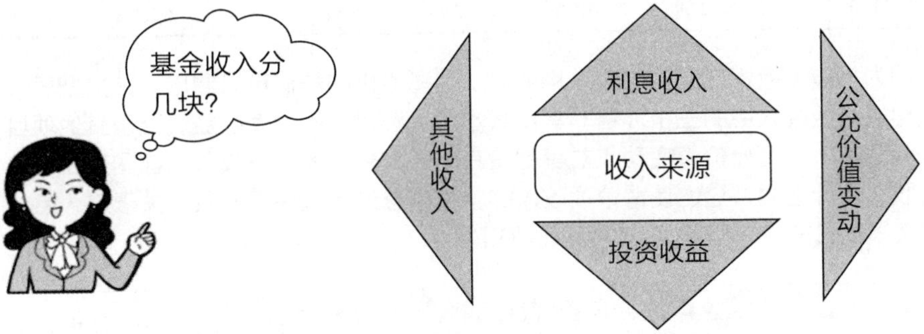

利息收入	基金资产运作过程中，因债券投资、资产支持证券投资、银行存款、结算备付金、存出保证金、按买入返售协议融出资金等实现的利息收入。利息收入是基金收入构成中重要的组成部分之一。
投资收益	基金经营活动中，因交易股票、债券、资产支持证券、基金等实现的差价收益，因股票、基金投资等获得的股利收益，以及衍生工具投资产生的相关损益等。
公允价值变动	基金持有的交易性金融资产、交易性金融负债等资产，因公允价值变动形成的应计入当期损益的利得或损失。用通俗的话来说，就是因基金持有的股票、债券等市场价格波动带来的收益或损失等。
其他收入	除以上收入外，基金所能获得的其他收入，比如，申购与赎回费用、手续费返还、ETF替代损益以及基金管理人为弥补基金财产损失而付给基金的赔偿款等。

案例分析

收入分析 其他基金收入分析查询：请输入基金代码、名称或简拼

单位：万元

报告期	收入合计	股票收入	占比	债券收入	占比	股利收入	占比
2022-12-31	-105,054.07	-24,373.49	---	1,003.14	---	4,974.44	---
2022-06-30	-35,476.76	-1,874.50	---	183.55	---	3,572.96	---
2021-12-31	45,977.65	157,177.29	341.86%	-425.24	---	3,802.86	8.27%
2021-06-30	33,759.07	112,612.31	333.58%	-495.98	---	2,735.52	8.10%

上图为华夏大盘精选混合的收入构成。从上图给出的数据可以看出，该数据表仅列出了基金收入中的三个项目，其实从本质上都是属于投资收益。至于其他项目的利息收入、公允价值变动收益等都没有列入其中。但这些收入又都涵盖在了总的收入合计之中，这也使得分项收入的总和与总的收入并不一致。关于这一点，投资者在日常查询财务报表时可以详加审阅。

	2022-12-31	2022-06-30	2021-12-31	2021-06-30
一、收入：	-1,050,540,669.66	-354,767,579.43	459,776,460.24	337,590,742.02
1.利息收入	737,688.57	423,461.81	10,231,691.13	5,821,066.76
其中：存款利息收入	737,688.57	423,461.81	1,361,885.62	828,450.31
债券利息收入	---	---	8,042,297.60	4,165,108.54
资产支持证券利息收入	---	---	---	---
2.投资收益（损失以'-'填列）	-183,959,056.70	18,820,120.03	1,605,549,168.96	1,148,518,437.48
股票投资收益	-243,734,868.68	-18,745,013.75	1,571,772,936.93	1,126,123,056.02
基金投资收益	---	---	---	---
债券投资收益	10,031,442.14	1,835,517.27	-4,252,350.00	-4,959,780.00
资产支持证券投资收益	---	---	---	---
衍生工具收益	---	---	---	---
股利收益	49,744,369.84	35,729,616.51	38,028,582.03	27,355,161.46
3.公允价值变动收益（损失以'-'填列）	-868,909,930.07	-374,927,004.55	-1,163,757,979.72	-821,776,177.40
4.汇兑收益（损失以'-'填列）	---	---	---	---
5.其他收入（损失以'-'填列）	1,590,628.54	915,843.28	7,753,579.87	5,027,415.18

左图为华夏大盘精选混合基金2022年的利润表。从该表中可以清晰地看出基金收入的几大核心组成部分的数值。由于2022年市场环境不佳，很多基金的收入都为负值。华夏大盘的收入也是负数。其中公允价值变动又贡献了最大的比重，这说明持仓股票净值下跌的影响还是非常大的。

三、费用分析

工具概述

费用分析，即基金公司运营基金过程中的各项费用开支情况。投资者可借以了解自己所购买的基金产品的各项费用支出情况。

工具解读

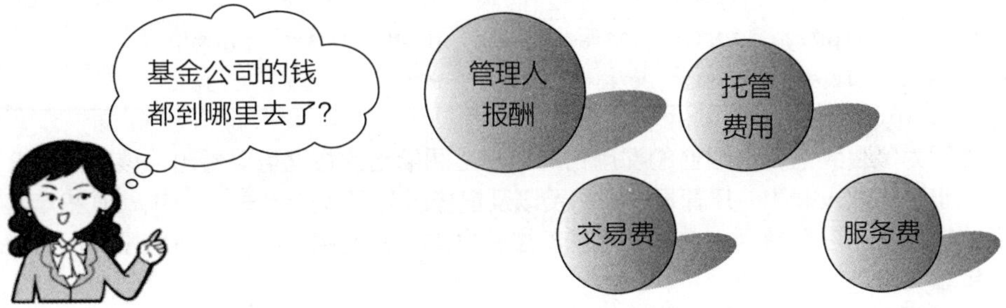

管理人报酬	这是基金运作过程中最大一部分费用支出。通常来说，这部分费用占了基金整个运作费用的60%以上。这部分费用的金额与整个基金的总体规模有关，也会受一定的市场波动影响。熊市时，费用总额会走低，但占整个费用支出的比率可能会提升。
托管费用	按照目前相关的法律法规规定，基金的资产是需要托管到一些银行等金融机构的。因此，基金必须向这些托管机构支付一定的费用。这也是基金费用重要的组成部分之一。
交易费	交易费指基金进行证券买卖交易时所发生的相关交易费用，如佣金、印花税等。当然，基金公司在交易股票过程中支出的各项费用比率可能会低于普通投资者，但由于基金公司操作的股票量很大，因而这也是一笔可观的费用。
服务费	通常来说，这里的服务费更多的指的是消费服务费。很多基金公司是通过第三方基金销售平台来销售基金产品的，这就需要基金公司支付一定的销售服务费用。

案例分析

费用分析 其他基金费用分析查询：请输入基金代码、名称或简拼

单位：万元

报告期	费用合计	管理人报酬	占比	托管费	占比	交易费	占比	销售服务费	占比
2022-12-31	7,781.13	6,642.51	85.37%	1,107.09	14.23%	---	---	6.82	0.09%
2022-06-30	3,974.43	3,393.69	85.39%	565.61	14.23%	---	---	2.47	0.06%
2021-12-31	13,545.34	8,631.48	63.72%	1,438.58	10.62%	3,447.22	25.45%	0.99	0.01%
2021-06-30	7,014.76	4,269.17	60.86%	711.53	10.14%	2,021.69	28.82%	0.01	0.00%
2020-12-31	10,567.02	7,221.21	68.34%	1,203.54	11.39%	2,116.81	20.03%	---	---
2020-06-30	4,686.02	3,184.27	67.95%	530.71	11.33%	958.38	20.45%	---	---

上图为华夏大盘精选混合的费用构成。从上图给出的数据可以看出，该数据表仅列出了管理人报酬、托管费、交易费以及销售服务费等几部分。其中，2023年度的交易费用没有单列。这并不意味着没有发生这些费用，而是没有从投资损益中单独列出。

从费用构成中可以看出，管理人报酬占比在2023年超过了85%，名副其实的第一大费用支出领域。

	2022-12-31	2022-06-30	2021-12-31	2021-06-30
减：二、费用	77,811,302.38	39,744,302.20	135,453,366.20	70,147,638.12
1.管理人报酬	66,425,149.93	33,936,871.22	86,314,795.08	42,691,686.74
2.托管费	11,070,858.43	5,656,145.26	14,385,799.19	7,115,281.14
3.销售服务费	68,164.53	24,740.56	9,856.76	53.68
4.交易费用	---	---	34,472,156.54	20,216,881.75
5.利息支出	---	---	---	---
其中：卖出回购金融资产支出	---	---	---	---
6.其他费用	247,109.05	126,543.08	270,758.21	123,734.81
三、利润总额（亏损总额以"-"号填列）	-1,128,351,972.04	-394,511,881.63	324,323,094.04	267,443,103.90
减：所得税费用	---	---	---	---
四、净利润（亏损总额以"-"号填列）	-1,128,351,972.04	-394,511,881.63	324,323,094.04	267,443,103.90

上图为华夏大盘精选混合基金2022年利润表中的费用构成情况。从该表中可以清晰地看出基金费用的几大核心组成部分的数值。除了前面图中所列的各项费用外，其他费用也在总费用支出中占了一定的比重。

第四节 基金投资组合工具

工具概述

基金投资组合，即基金持有的各种资产的集合。通常来说，基金持仓的资产包括股票、债券、银行存款、短期票券、金融衍生品等。各类基金会根据基金性质和特征，努力实现收益与投资风险的平衡。

工具解读

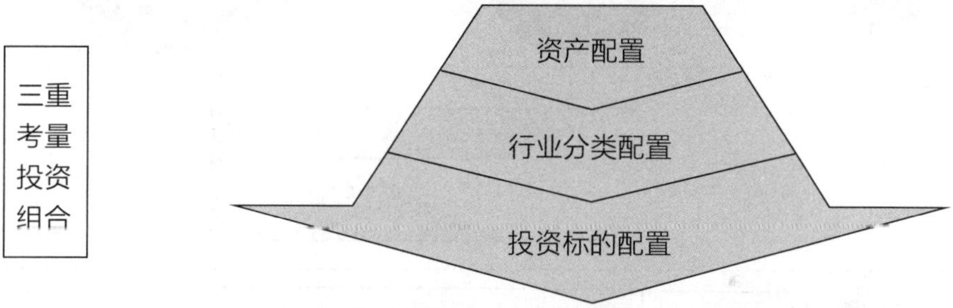

资产配置	资产配置即基金在股票、债券、现金存款、短期票据等方面的配置比例。通常来说，基金在各大类资产配置方面会受到基金合同的制约。也就是说，在购买基金前，投资者能够大致了解这些基金在资产配置方面大致的安排。比如，一些股票型基金可能会将资产的80%，甚至90%以上配置在股票方面，债券和现金的比例会很低；而债券型基金则可能会将资产的95%以上配置在债券方面。
分类配置	分类配置即在基金整个大类资产配置明晰的前提下，进行内部资产配置安排。有些基金品种，行业或分类配置已经在基金合同中列明，比如消费精选基金、超短债基金等；有些混合基金则需要投资者个人去通过基金持仓情况进行查看，以判断基金偏好的投资行业或领域等。
标的配置	标的配置即基金在具体投资标的方面的资金分配。这是关系基金净值走势最核心的一次配置安排。基金净值走势在很大程度上与基金所选的投资标的有关。

一、资产配置

工具概述

资产配置的目标在于以资产类别的历史表现与投资者的风险偏好为基础，决定不同资产类别在投资组合中所占的比例，从而降低投资风险，提升投资收益。

工具解读

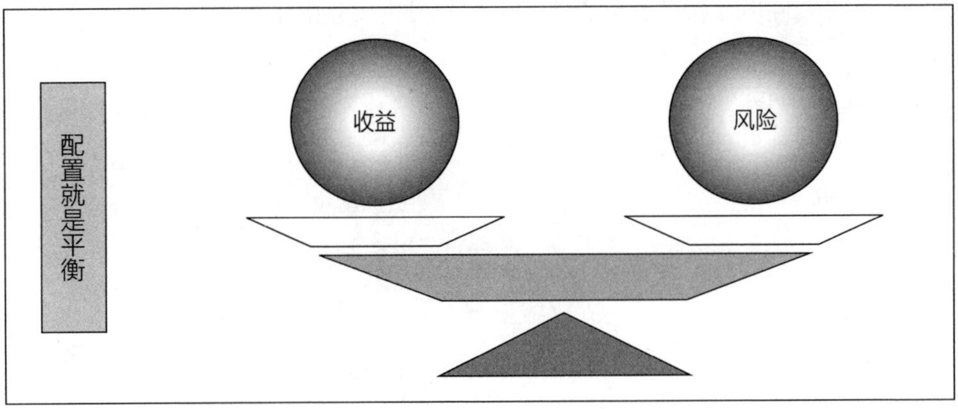

影响配置的因素

风险与收益要求	基金合同中对风险与收益的要求，在一定程度上决定了资产配置的方向。
市场环境	基金管理人可能会根据市场环境变化、经济大环境的变化，在合约范围内对资产配置的比例进行调整。
流动性要求	基金合同中对基金申赎的约定会在一定程度上约束基金选择资产的范围，即考虑资产变现的难易程度。
投资期限	基金合同中对基金到期日期的安排（如封闭式基金或开放式基金）也会对投资产生一定的影响。
税收政策	各类投资品种的税率或者交易费用都是有差别的，因此，税收优惠的品种往往更受欢迎。

战略性资产配置

按照长期性的投资收益与风险控制目标进行的资产配置安排，就是战略性资产配置。这种配置并不会因为短期的市场波动而进行调整。

战术性资产配置

根据对市场中短期走势的研判，对基金资产配置比例进行适当调整，比如临时增加或减少股票资产仓位，就属于典型的战术性资产配置。

资产配置的两大层面

案例分析

资产配置　其他基金资产配置查询：请输入基金代码、名称或简拼

截至2023-03-31，华夏大盘精选混合A 净资产规模41.29亿元，比上一期（2022-12-31）增加了2.57%，股票配置占比上期减少0.89%

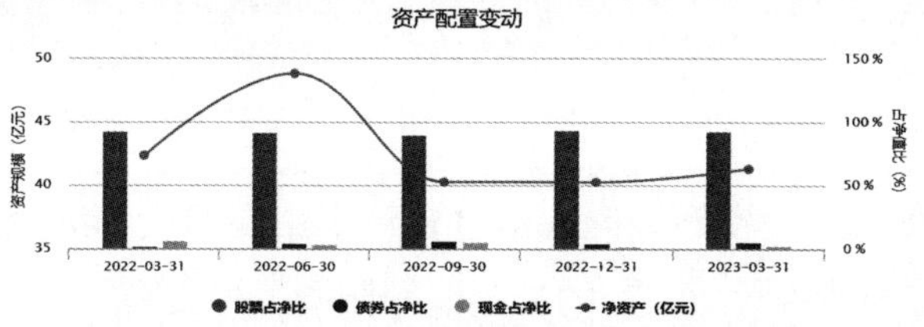

资产配置明细　来源：基金定期报告

报告期	股票占净比	债券占净比	现金占净比	净资产（亿元）
2023-03-31	92.94%	5.46%	2.94%	41.29
2022-12-31	93.83%	4.82%	1.82%	40.25
2022-09-30	89.60%	6.06%	5.19%	40.26
2022-06-30	91.75%	4.97%	3.69%	48.84
2022-03-31	92.34%	1.68%	6.52%	42.34

左图为华夏大盘精选混合基金的资产配置图。从图中可以看出，该基金的股票资产占比一直处于90%左右，而债券占比维持在5%左右的水平，其余为现金资产。从最近几期的资产配置可以看出，这是一只典型的股票型基金，尽管股票资产占比有所波动，但整体维持了较高的仓位。其资产规模则因市场行情下行，而出现了较大幅度的萎缩。

提升资产配置效率的关键

市场走势预判

对未来一段时间内股票市场或债券市场走势进行准确的预判。

调整资产配置比例

运行如下操作：在股市下行趋势启动时，降低股票仓位；反之，增加仓位等。

调整资产配置比例

做好预案，防止市场朝相反方向运行。

例如，某只基金在股票、债券、现金上的正常投资比例分别是80%、15%、5%，但基金季初在股票、债券和现金上的实际投资比例分别是95%、5%，股票指数、债券指数、银行存款利率当季度的收益率分别是10%、4%、1%，那么，资产配置贡献可计算如下：

$$\begin{aligned} Tp &= (90\%-80\%)\times 10\%+(0\%-15\%)\times 4\%+(5\%-5\%)\times 1\% \\ &= 0.4\% \end{aligned}$$

即通过资产配置，让基金多获得了0.4%的收益。

二、行业配置

工具概述

行业或类别配置，即在大的投资领域内，基金资产最主要的投资细分方向。比如，有的基金偏好于消费行业，有的基金偏好新能源行业等。

投资者通过基金的行业或类别配置，可以了解基金运营者的投资偏好或基金的核心投资领域，同时结合自身投资需求判断该基金是否符合个人的投资要求。

工具解读

影响配置的因素

- **合同要求**：有些基金在合同，甚至基金名称中，对投资细分领域进行了界定，这就使得这些基金在投资过程中会着重配置某一细分领域内的证券。比如，消费行业精选基金，势必会着重配置消费类股票；而超短债基金则会集中配置短期融券、短期债券类资产。
- **市场环境**：基金管理人可能会根据市场环境变化、经济大环境的变化，在合约范围内对资产配置的行业或类别进行调整。未来，市场普涨与普跌行情将会减少，更多的是板块或行业的轮动。因此，能否捕捉到合适的板块，就是考验基金管理者的关键。
- **管理者的判断**：选择的行业以及资产配置的比例，是非常能考验基金管理者水平的一个项目。当然，这些最终都会通过盈利水平反映出来。

案例分析

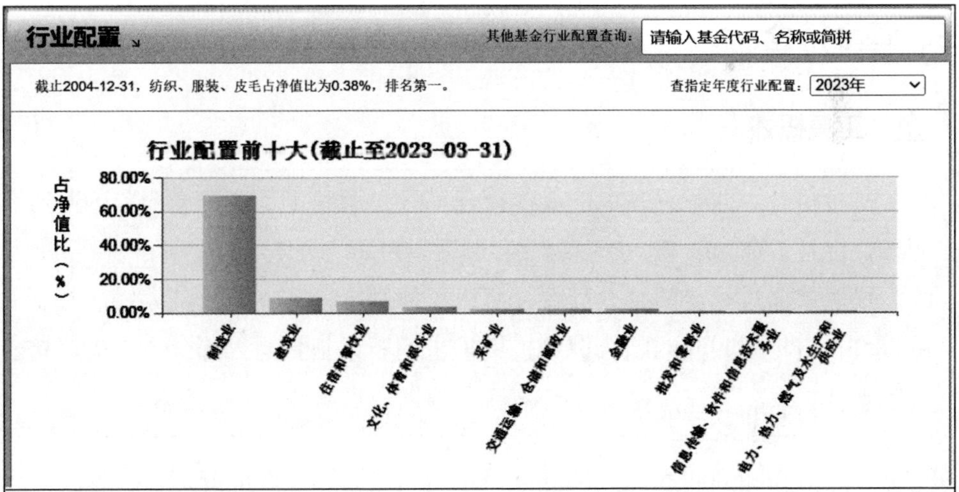

上图为华夏大盘精选混合基金的行业配置图。从其行业配置来看，制造业占比一家独大，其次为建筑业、住宿和餐饮业等，其他行业所占的比重都不是很大。这也反映了该基金将制造业作为最核心的投资领域。

行业配置比较

其他行业配置比较查询：请输入基金代码、名称或简拼

* 基金行业配置数据日期：2023-03-31　　来源：天天基金

证监会行业代码	行业名称	基金行业配置	同类平均	比同类配置
A	农、林、牧、渔业	---	2.15%	-2.15%
B	采矿业	1.80%	3.00%	-1.20%
C	制造业	69.39%	42.92%	26.47%
D	电力、热力、燃气及水生产和供应业	0.01%	0.97%	-0.96%
E	建筑业	8.37%	1.19%	7.18%
F	批发和零售业	0.70%	1.53%	-0.83%
G	交通运输、仓储和邮政业	1.63%	2.68%	-1.05%
H	住宿和餐饮业	6.30%	1.88%	4.42%
I	信息传输、软件和信息技术服务业	0.06%	7.42%	-7.36%

上图为华夏大盘精选混合基金的行业配置比较图。该图是将华夏大盘精选混合基金的行业配置与同类基金进行横向比较来研判其配置情况的。

从具体对比来看，作为华夏大盘重点领域的制造业仍是最为耀眼的存在。华夏大盘在该领域配置了接近70%的仓位，远高于同类基金43%的平均值。当然，同类平均值43%，也反映了制造业在国民经济中的核心地位。其他领域中，建筑业、住宿和餐饮行业的配置也要高于同类基金，其他领域多是低于同类基金的，也反映了该基金的投资特色。

三、基金持仓

工具概述

基金持仓，即各只基金的具体持仓品种，反映了基金资产配置的底层思维，也是基金管理者、基金运营者选证能力的一个体现。

投资者通过基金的持仓配置，可以了解基金运营者的投资偏好或基金的核心投资标的，同时结合自身投资需求判断该基金是否符合个人的投资要求。

工具解读

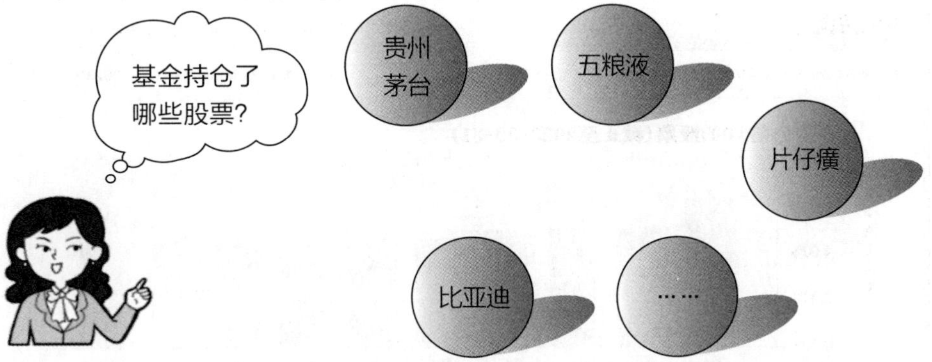

影响配置的因素

- **合同要求**：无论所选的是股票品种还是债券品种，均需符合基金合同的要求。也就是说，基金管理者所选的投资品种，必须是基金合同允许范围之内的。有时候基金管理者为了投资其他品种，不得不更改基金合同甚至基金名称，就是这个原因。
- **市场环境**：基金管理人可能会根据市场环境变化、经济大环境的变化，在合约范围内对投资品种和仓位进行调整。即使基金所选的行业或板块曾启动上升行情，也不见得持仓股票就一定会大涨。毕竟，个股质地不同，涨幅空间也是有差别的。
- **管理者的判断**：选择的投资品种以及持仓比例，是非常能考验基金管理者水平的一个项目。当然，这些最终都会通过盈利水平反映出来。

案例分析

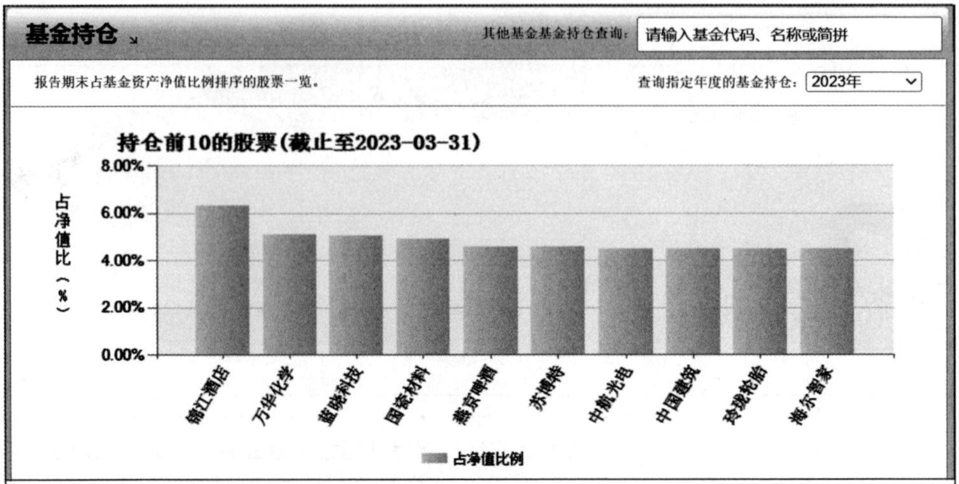

上图为华夏大盘精选混合基金的持仓前十名股票。从其持仓来看，除了锦江酒店属于餐饮、酒店行业，中国建筑属于建筑行业外，其他股票多数属于制造业。这也反映出制造业为该基金最重要的投资领域。当然，制造业也是可以划分为很多细分领域的，如化工材料、家电等。

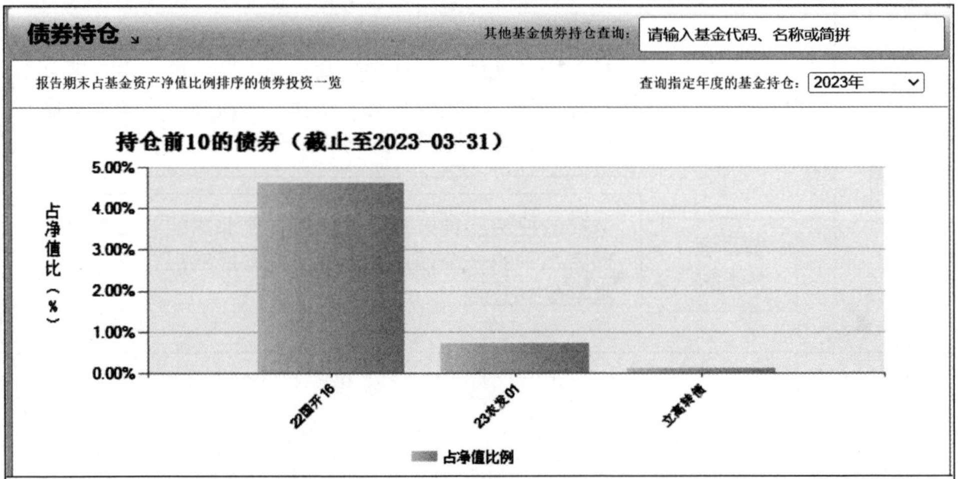

上图为华夏大盘精选混合基金的持仓前十名债券情况。从其持仓来看，该基金持仓的债券较少，仅有三只，分别为22国开16、23农发01以及立高转债。三只债券合计占总仓位的比重在5%左右，这也反映了该基金并未将债券作为重点投资对象，也符合股票型基金的定位。

第五章

基金定投工具

第一节　定投认知与理论工具

工具概述

基金定投是定期定额投资基金的简称，是指投资者在固定的日期（如每月 10 日，一般为投资者获得固定收入的日期）将固定金额的资金投入到某一开放式基金中的方式。

工具解读

基金定投有一定的培养投资者投资理财习惯的作用。基金定投的投资者一般都是拿出每月工资中的一部分用于定投，这样就省去了很多研究和筛选基金的时间。投资者也可以不用担心投资市场的波动，毕竟从长远来看，经济与投资市场都会呈现振荡上行态势。

定投特点

定期投资，积少成多
基金定投在一定程度上可以起到替代零存整取的效果，帮助投资者养成理财习惯。

长期投资，摊低成本
基金定投就是用时间的长度来抹平市场波动的投资策略。长期坚持下来，就会逐渐降低成本。

节约时间，方便理财
按时定投省去了很多筛选基金、选择基金或其他理财产品的时间。

一、基金定投原则与时机

工具概述

长期投资、摊低成本是基金定投的核心优势。投资者通过不间断地定投，可以有效地避免因判断失误而错过最佳的投资机会。

工具解读

基金定投要素

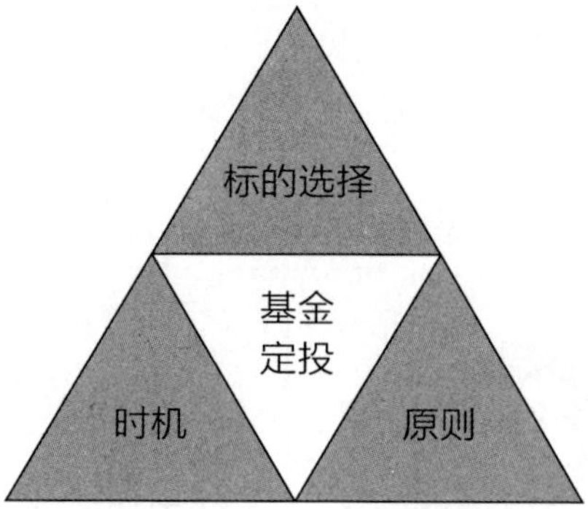

基金定投品种

不适合定投的基金

货币型基金和债券型基金的净值走势较为平稳，并不需要平摊成本，可以随时入场，也就没有了定投的必要。

适合定投的基金

股票型基金和指数型基金的净值波动较为剧烈，是比较适合定投操作的，特别是指数型基金，更是基金定投较为理想的标的。

基金定投时机

市场经过一波下跌后，进入底部区域时，就是开启定投的最佳时机。

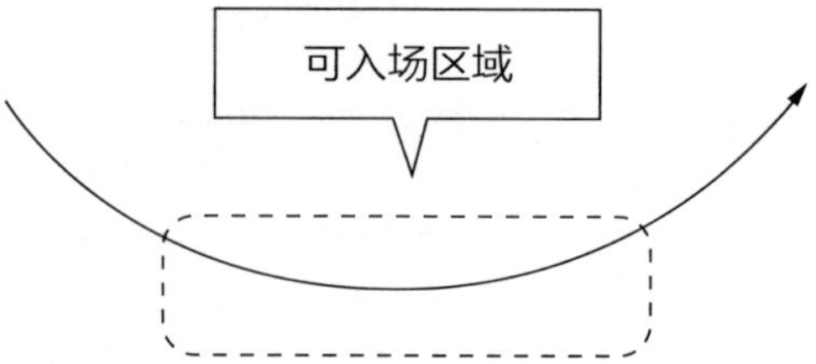

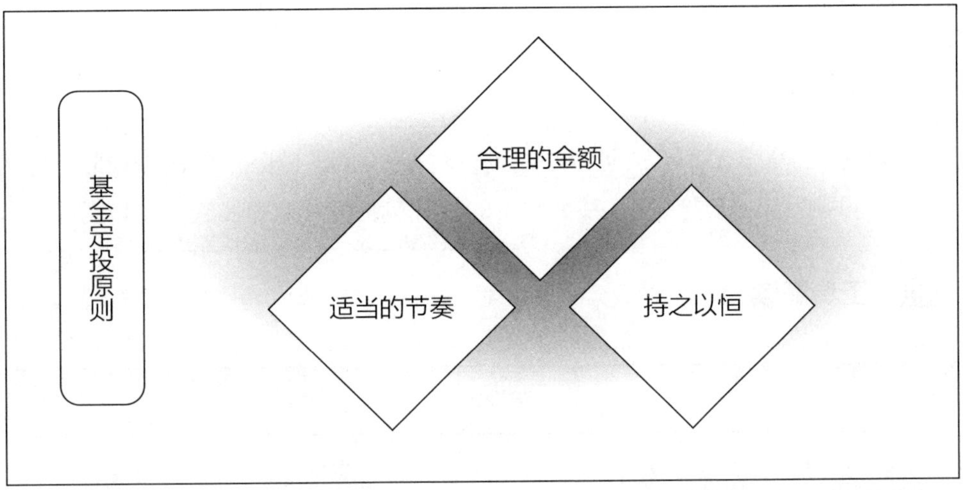

金额合理	基金定投需要投入固定金额的资金。这个资金额度应该是投资者经过合理计算获得的，且不能影响正常的生活。投资者不仅要从眼下空闲资金角度考虑，还要着眼于未来。毕竟定投要坚持的时间足够长才能看到效果，这就需要投资者拿出的定投金额在未来也不会影响家庭生活。
节奏适当	既要考虑收入进账的节奏，也要考虑定投的额度问题。对于以工资收入为主要经济来源的投资者，以月度为周期进行基金定投是一个不错的选择。当然，为了进一步平摊成本，将用于每月定投的金额分成四等分，并以周为周期进行定投，也是不错的选择。
持之以恒	基金定投需要很长时间才能看到效果。按照目前股市波动的情况，一般三到五年才会出现一次较大的行情，因而，投资者的定投必须持续三到五年才能收到预期的收益。 没有坚持五年以上的决心，最好不要进行基金定投。

二、基金定投模式

工具概述

基金定投模式，即以何种方式进行定投。这里主要指的是定投的金额与时间的控制。通常来说，基金定投的模式包括匀速定投和变速定投两类。

工具解读

匀速定投	
匀速定投是指无论外围环境如何变化，投资者只坚持固定的投资额度与节奏不变。例如，投资者设定在上证指数3000点以下开始按照每周500元的速度匀速定投。此后，无论大盘指数上升或下跌，均保持每周500元的速度定投。也就是说，即使大盘指数下跌至2000点以下，投资者仍会坚持以每周500元的节奏进行定投。	案例 假如某投资者在3000点时按照净值为1元的价格申购了500份某基金（不考虑手续费等因素，下同）；基金净值下跌至0.9元，其再度申购500元的基金就会得到555.56份；基金净值下跌至0.8元，则其再度申购500元的基金就会得到625份；基金净值下跌至0.7元，则其再度申购500元的基金就会得到714.29份；基金净值下跌至0.6元，则其再度申购500元的基金就会得到833.33份；基金净值下跌至0.5元，则其再度申购500元的基金就会得到1000份。至此，该投资者共投资了3000元，获得了4228.18份，基金持仓成本为0.7095元/份。

变速定投	
变速定投是指投资者根据外围环境的变化，适度调整定投的额度或节奏，以确保实现收益最大化。例如，投资者设定上证指数3000点为定投启动点。此后，若大盘指数在3000点下方每下行100点，则定投的额度增加50元；若大盘指数上升超过3000点，则定投额度减少50元，直至停止定投。也就是说，若上证指数下跌至2000点，则定投额度将会调整为每周1000元。	案例 假如，某投资者在3000点时按照净值为1元的价格申购了500份某基金（不考虑手续费等因素，下同）；基金净值下跌至0.9元，其再度申购550元的基金就会得到611.11份；基金净值下跌至0.8元，则其再度申购600元的基金就会得到750份；基金净值下跌至0.7元，则其再度申购650元的基金就会得到928.57份；基金净值下跌至0.6元，则其再度申购700元的基金就会得到1166.67份；基金净值下跌至0.5元，则其再度申购750元的基金就会得到1500份。至此，该投资者共投资了3750元，获得了5456.35份，基金持仓成本为0.6873元/份。

三、微笑曲线

工具概述

微笑曲线是基金定投领域非常有名的一个概念，即在市场下行过程中逐级进行定投，此后若市场出现反弹，无须反弹至下跌起始位，就可以实现盈利。市场运行的路线呈现两边高、中间低的态势，宛若一张笑脸。

工具解读

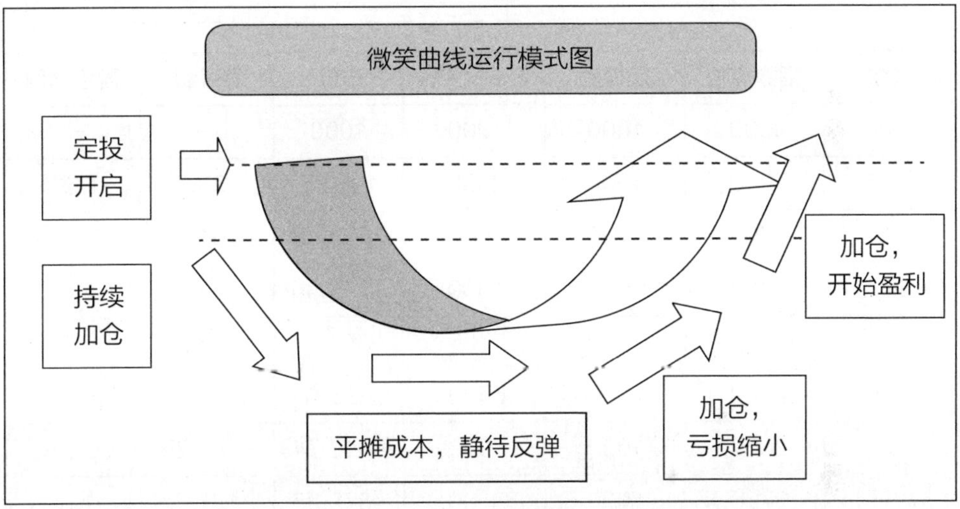

模式解读

投资者若按照相同金额进行投资，那么，随着指数不断下跌，买入的基金份额会越来越多，成本会越来越低。所以不用等指数回到初始位置就可以获得正收益。

同时，从理论上来说，我们无法准确预测市场的底部，因而，在投资过程中也没有办法准确找到市场最低点进行投资，而依靠微笑曲线可以在市场下行和底部振荡区间连续买入筹码，摊低成本。这样，当市场出现反弹，则根本无须等到指数回到下跌初始点位，定投参与者就可以实现盈亏平衡，甚至盈利。

持续加仓

坚持定投！坚持定投！坚持定投！

案例分析

假定一个投资者在大盘指数为3000点时开启基金定投。其投资标的就是大盘指数，每期固定定投1000元。

该投资者进行定投后，指数先是出现了一波下跌行情，此后才逐渐走出低谷。其投资过程可以用下表来描述。

次数	指数点位	定投额	累积投资额	市值	盈亏额	盈亏比例
1	3000	1000	1000	1000	—	—
2	2900	1000	2000	1966.7	−33.3	−1.67%
3	2800	1000	3000	2898.88	−101.12	−3.37%
4	2700	1000	4000	3795.35	−204.65	−5.12%
5	2600	1000	5000	4654.78	−345.22	−6.9%
6	2700	1000	6000	5833.81	−166.19	−2.77%
7	2600	1000	7000	6617.74	−382.26	−5.46%
8	2700	1000	8000	7872.27	−127.73	−1.6%
9	2800	1000	9000	9163.84	163.84	+1.82%
10	2900	1000	10000	10491.12	491.12	+4.91%
11	3000	1000	11000	11852.88	852.88	+7.75%
12	3100	1000	12000	13247.98	1247.98	+10.4%

模式解读

尽管定投开始点位为3000点，但当指数回升至2800点时，投资者就可能实现盈利，其中包含了指数在底部区域的小幅振荡反复。事实上，若指数在底部振荡时间更长，则可能指数没到2800点时，投资者就可以实现定投获利。

四、网格交易法

工具概述

网格交易法，本质上是一种针对市场大部分时间处于振荡状态而设计的动态投资系统。投资者在建立初始仓位后，还需对市场运行的区间进行大致的分区，并划分网格，市场每下行一格，则加仓一份；市场每上行一格，则减仓一份。

该策略的核心目的在于动态调整仓位，降低持仓成本，提升收益率。

工具解读

由于A股单边牛市或单边熊市的时间较短，更多的时间都处于振荡格局。因而，通过设置各个网格，动态调整仓位，无疑可以增加获利的概率。

案例分析

为了能够让大家了解网格交易法，下面列举了一个简化版的基金净值波动与投资路线图。当然，在实际投资过程中，基金波动更为复杂。

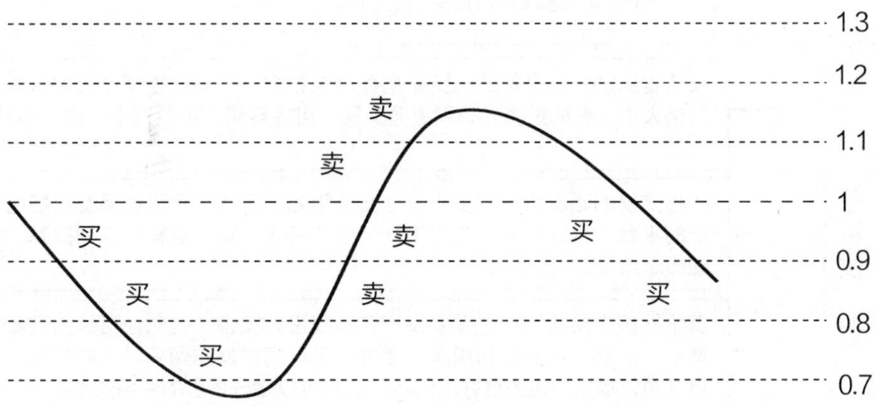

操作示例

该策略基于投资者并不清楚市场未来方向的判断基础之上。也就是说，市场存在持续上行的可能，因此，初始入场时，至少要准备5倍网格交易的额度。即若基金净值每上升或下跌一格赎回或加仓1000元的话，那么，初始的投资金额至少应该用5000元。

次数	基金净值	交易份额	交易金额	累计份额	累计市值	盈亏
1	1	+5000	+5000	5000	5000	—
2	0.9	+1000	+900	6000	5400	−500
3	0.8	+1000	+800	7000	5600	−1100
4	0.7	+1000	+700	8000	5600	−1800
5	0.8	−1000	−800	7000	5600	−1000
6	0.9	−1000	−900	6000	5400	−300
7	1	−1000	−1000	5000	5000	+300
8	1.1	−1000	−1100	4000	4400	+800
9	1	+1000	+1000	5000	5000	+400
10	0.9	+1000	+900	6000	5400	−100

案例解读

从上表数据可以看出以下几点。

第一，随着市场的波动，网格交易的推进，即使市场点位最终仍只是在原点附近波动，但投资者仍可能获得一定的收益。

第二，在实战中，单个网格的设置以及每个网格加减仓位的数量需因人、因投资品种的不同而有所不同。

第三，本案例所使用的网格交易是以基金份额为依据的，投资者也可以投入的金额作为基准。

第四，在第7笔交易和第9笔交易中，市场点位和持仓数量均为初始值，但额外产生了一定的利润。这就是网格交易的利润。

操作建议

- 投资者所选的投资标的以宽基指数基金为宜，且需要根据个人需求确定网格大小。有的投资者想要高频交易，可将网格间距设置小一些，如2%或5%等。
- 网格交易的频次肯定要多于其他交易策略，因而，尽量选择交易费用较低的平台，且以能够在二级市场交易的基金为宜，这样便于捕捉基金波动的高点与低点。
- 基于网格交易法不一定需要投资者持续投入资金，有时还可能需要赎回基金，因此，从资金利用角度考虑，可以同时操作两只以上的基金，而且这两只基金的走势最好不同步，这样可以提升资金的利用效率。

五、博格公式法

工具概述

博格公式是由指数基金的发明者约翰·博格（John Bogle）创立的。博格公式重点分析了影响指数基金收益的三大因素，因此，常常作为筛选指数基金的一种工具。

工具解读

约翰·博格在长期的投资过程中，对决定股市长期收益的因素进行了分析，发现决定股市长期回报的三大因素。

1.初始投资时刻的股息率

2.投资期内的市盈率变化

3.投资期内的盈利增长率

未来年复合收益率=初期股息率+（平均）每年的市盈率变化率+（平均）每年的盈利变化率

工具分析	博格公式的用法及假设如下。 第一，市盈率呈周期性波动，因此，如果当前市盈率处丁历史较低位置，那么未来市盈率大概率是会上涨的。 第二，对指数基金来说，只要国家经济长期发展，盈利就会长期上涨，当经济景气，盈利增速就会比较快，当经济不景气，盈利增速则会放缓，但是我们无法预测未来盈利的上涨速度。
操作思路	博格公式的具体操作思路如下。 第一，未来市盈率的变化是很难确定的，但当前的市盈率数据可以获得。那么，可以通过当前市盈率与历史市盈率情况来评估当前市盈率所处的位置。 第二，股息率高的股票往往意味着企业经营状况较佳，因此，需要尽量选择股息率高的股票。 第三，在市盈率走高时，需要考虑减仓或清仓操作。

案例分析

以上证50指数基金为例

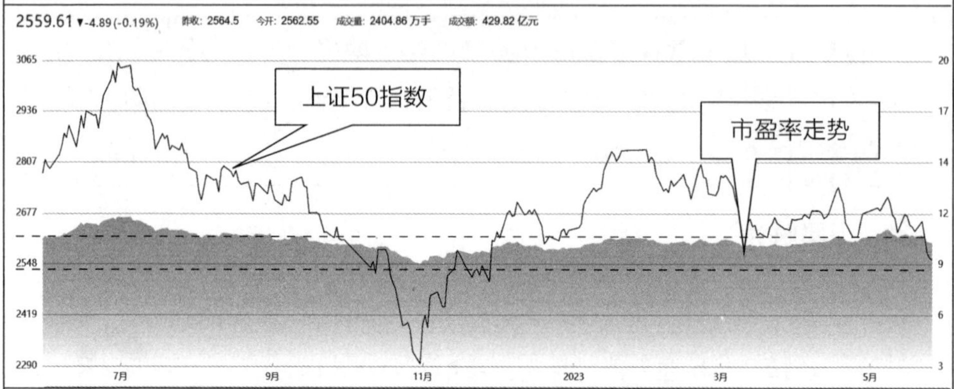

上图为上证50指数以及上证50指数平均市盈率近一年来的走势。从上证50指数的走势可以发现，上证50指数一直在2300点到3050点之间波动。而上证50指数的市盈率大部分时间也是运行在9倍到11倍之间。也就是说，上证50指数的平均市盈率低于9倍的时间或高于11倍的时间都不长，这将为后面制订定投策略提供支持。

以上证50指数基金为例

日期 Date	指数代码Index Code	指数中文全称 Chinese Name(Full)	指数中文简称 Index Chinese Name	指数英文全称 English Name(Full)	指数英文简称 Index English Name	市盈率1（总股本）P/E1	市盈率2（计算用股本）P/E2	股息率1（总股本）D/P1	股息率2（计算用股本）D/P2
20230526	000016	上证50指数	上证50	SSE 50 Index	SSE 50	10	11.46	3.79	3.31
20230525	000016	上证50指数	上证50	SSE 50 Index	SSE 50	10.01	11.48	3.79	3.3
20230524	000016	上证50指数	上证50	SSE 50 Index	SSE 50	10.05	11.54	3.77	3.29
20230523	000016	上证50指数	上证50	SSE 50 Index	SSE 50	10.24	11.72	3.7	3.24
20230522	000016	上证50指数	上证50	SSE 50 Index	SSE 50	10.43	11.9	3.63	3.19
20230519	000016	上证50指数	上证50	SSE 50 Index	SSE 50	10.37	11.79	3.66	3.22
20230518	000016	上证50指数	上证50	SSE 50 Index	SSE 50	10.44	11.84	3.63	3.2
20230517	000016	上证50指数	上证50	SSE 50 Index	SSE 50	10.38	11.86	3.65	3.2
20230516	000016	上证50指数	上证50	SSE 50 Index	SSE 50	10.45	11.95	3.63	3.17
20230515	000016	上证50指数	上证50	SSE 50 Index	SSE 50	10.49	11.98	3.61	3.17
20230512	000016	上证50指数	上证50	SSE 50 Index	SSE 50	10.32	11.78	3.67	3.22
20230511	000016	上证50指数	上证50	SSE 50 Index	SSE 50	10.44	11.93	3.63	3.18
20230510	000016	上证50指数	上证50	SSE 50 Index	SSE 50	10.48	11.97	3.62	3.17
20230509	000016	上证50指数	上证50	SSE 50 Index	SSE 50	10.67	12.1	3.55	3.13
20230508	000016	上证50指数	上证50	SSE 50 Index	SSE 50	10.78	12.18	3.52	3.12
20230505	000016	上证50指数	上证50	SSE 50 Index	SSE 50	10.51	12.02	3.61	3.16

上图为上证50指数的市盈率与股息率数值。从数据走势来看，市盈率1在10倍左右，属于较低的水平，而股息率1为3.7左右，又在相对高位。

操作思路

基于上证50指数当前的数值，可以制订以下操作策略。

第一，当前上证50指数的市盈率处于较低位置，而股息率相对较高，属于较为理想的入场时段。因此，投资者可考虑选择上证50指数进行定投操作。

第二，未来若上证50指数的市盈率走高，超过11倍，则需要减少定投额度，其若超过15倍，则可考虑止盈撤出。

第二节 定投策略工具

工具概述

基金定投并不是简单地将每个月的闲钱买入基金这么简单。或者说，若你要想有个更好的收益的话，基金定投也可以有多种选择，不同的选择就是不同的策略，带来的收益也会有所不同。

工具解读

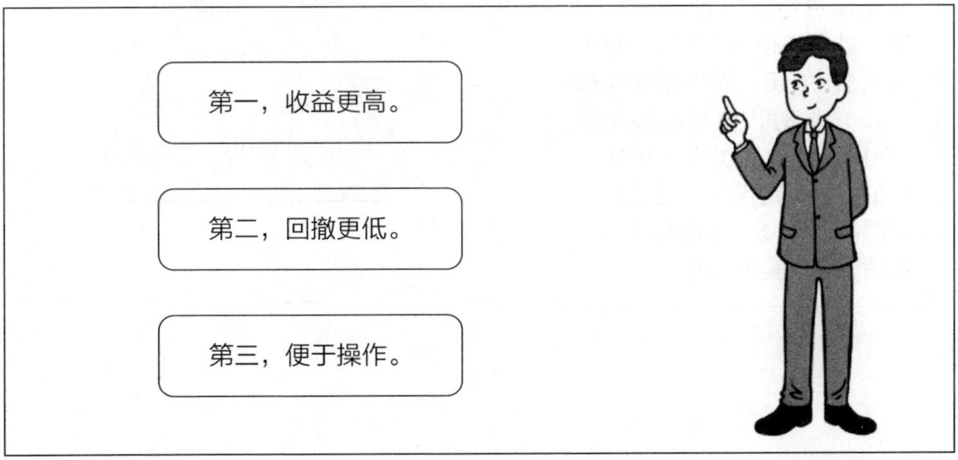

一、金字塔式定投

工具概述

金字塔式定投，本质上是一种定期不定量定投，即每期定投的时间是固定的，比如月度定投或季度定投等，而定投金额会随着指数或基金净值的变动而调整，即指数或基金净值越低，定投的金额越高。

该策略的核心目的在于增加低位廉价筹码的收集。

工具解读

金字塔，即顶部极小而底部很大的三角形体。在定投系统中，表示的是高位少投、低位多投的一种定投模式。

案例分析

金字塔定投法要求每期定投的金额因指数点位或基金净值的变化而进行适度的调整。比如，基金净值为1元时，每期买入1000元；而当基金净值下跌10%时，就可以追加至2000元；依此类推。这样，在低位区域定投的金额要远远超过高位区域，市场反弹后，很快就可以实现盈利。

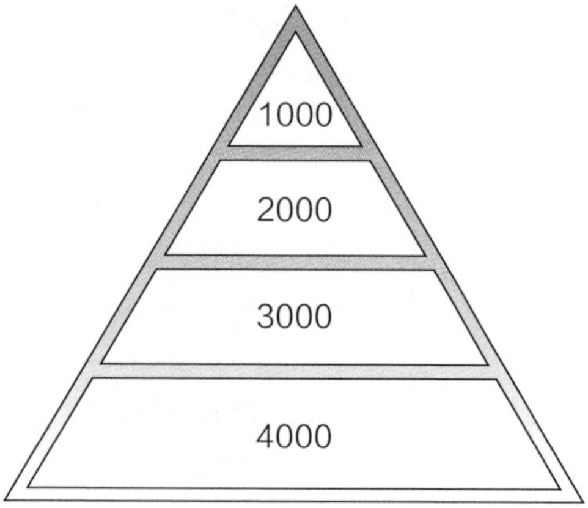

金字塔式定投数据示例

次数	基金净值	买入金额	买入份额	累计份额	累计市值	盈亏
1	1	1000	1000	1000	1000	—
2	0.95	1000	1052.6	2052.6	1950	−50
3	0.9	2000	2222.22	4274.82	3847.34	−152.66
4	0.85	2000	2352.9	6627.7	5633.56	−366.44
5	0.8	3000	3750	10377.7	8302.16	−697.84
6	0.85	2000	2352.9	12730.6	10821.01	−178.99
7	0.90	2000	2222.22	14952.82	13457.54	457.54
8	0.95	1000	1052.6	16005.42	15205.15	1205.15

案例解读

从上表数据可以看出以下几点。

第一，随着市场下行，定投的金额也随之增加。下跌幅度越大，投入的金额越多。这样可以起到拉低持仓成本的目的。

第二，当市场出现反弹，持仓基金可以很快收复失地，扭亏为盈。

第三，该策略概括起来说，就是在价格便宜时多买，价格走高时少买。一般来说，当盈利较高时，投资者还应该考虑卖出止盈。

策略分析

- 此策略比较适合资金比较充裕者。若浮亏超过30%，则意味着定投额度将达到初始定投额的4倍，这需要强大的资金作为支撑。同时，该策略所投入的金额并非一次性的，而是当市场处于底部区域时，一直按照较高的定投额度进行定投，直至市场走出底部区域。
- 该策略对投资者有较高的要求：其一，投资者需要对市场环境有清晰的判断，即对未来最大下跌幅度有一个大致的预判；其二，在资金方面需要预留足够的增量资金，以备定投额度的扩大。
- 该策略较为适合宽基指数基金，即从大的方向上来看，未来振荡上升的概率较大，能够与经济发展保持一致。个别窄基指数基金可能会出现一波上涨后长期底部横盘的情况，这将不利于基金定投的实施。

优化建议

- 入场后，若遇到牛市，将错失很多盈利机会。因此，可以考虑选择一个较佳的入场点，并将第一批的投入适当增大。
- 当市场进入快速上升期，应考虑停止定投，甚至适当地分批减仓，以避免盈利受到蚕食。
- 市场进入高位且出现明显的反转时，应建立止盈机制。

二、均线定投

工具概述

均线定投，即以指数平均线作为定投额度调整参照的定投策略。即当指数或基金净值运行于均线上方某一幅度时，减少定投额度；当指数或基金净值运行于均线下方一定幅度时，增加定投额度。

工具解读

均线定投，即以某一根均线作为增加或减少定投额度的参照基准。这根均线一般为指数的长期均线，如沪深300指数的180日均线、250日均线等。

案例分析

以沪深300指数基金为例

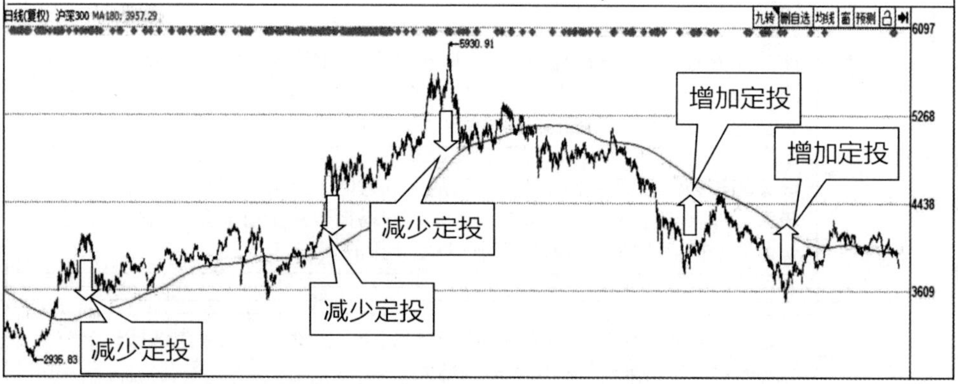

案例解读	从上图数据可以看出以下几点。 第一，市场的振荡上行期，沪深300指数同步出现了振荡走高态势，沪深300指数有时会大幅高于180日均线，此时可以降低定投金额。 第二，市场处于振荡下行期，沪深300指数大幅低于180日均线时，可考虑适当提高定投额度。

以均线为中心的定投示例			
沪深300指数收盘价高于180日均线	实际定投额度	沪深300指数收盘价低于180日均线	实际定投额度
0～15%	90%×基准定额	0～5%	160%×基准定额
15%～50%	80%×基准定额	5%～10%	170%×基准定额
50%～100%	70%×基准定额	10%～20%	180%×基准定额
100%以上	60%×基准定额	20%～30%	190%×基准定额
		30%～40%	200%×基准定额
		40%以上	210%×基准定额

案例解读

假如某投资者利用均线定投策略动态调整定投额度。若其设置的基准定投额度为500元，那么，当沪深300指数高于180日均线10%时，则需将定投额度缩减为450元；反之，若沪深300指数低于180日均线15%时，则需将定投额度放大至900元。均线定投的核心思想就是大跌大买备反弹，大涨少买防回调。

投资者可将沪深300指数调整为中证500指数或创业板指数，也可以将180日均线调整为250日均线或500日均线等。

优化建议

均线的选择。一般来说，大多数投资者使用的都是180日均线。实际上，基金定投作为一项需要长期坚持的投资理财活动，需要选择相对较为稳定的均线，而均线周期越长，其稳定性才越好。从这一点上来说，180日均线可能相对过于敏感，360日均线或500日均线可能更好一些。

均线系统止盈设置。在整个系统中，尽管会根据指数波动调整仓位，却没有设置止盈位。而在实战中，投资者需要结合行情走势的特点，设置一个可以撤出的止盈位。比如，整个市场进入快速上升期后，投资者就需要考虑一个合适的止盈位。

三、市盈率定投

工具概述

市盈率定投是根据指数平均市盈率的高低分别赋予相应的定投变动幅度而设计的。即市盈率越高，说明指数越贵，越要少投钱；反之，市盈率越低，说明指数越便宜，越要多投钱。

工具解读

市盈率定投，即以指数的某一平均市盈率区间为基准。当市盈率高于区间上限时，降低定投额度，止盈撤出；当市盈率低于区间下限时，加倍定投。

案例分析

以沪深300指数基金为例

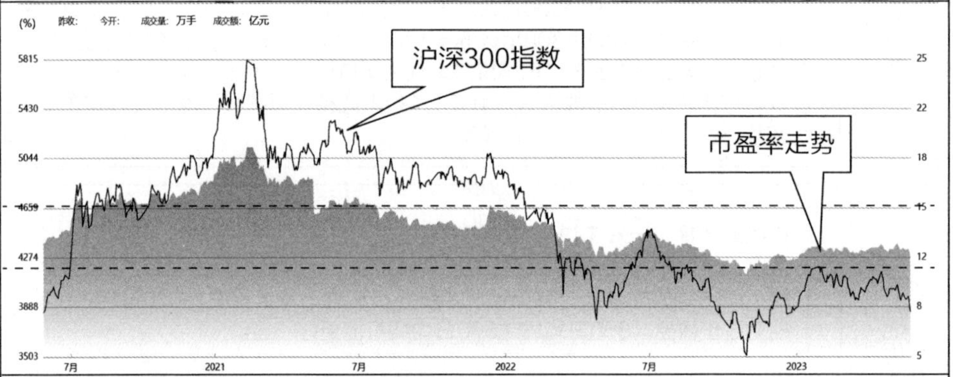

上图为沪深300指数以及沪深300指数平均市盈率近三年来的走势。从图中沪深300指数的走势可以发现，沪深300指数一直在3500点到5800点之间波动。而沪深300指数的市盈率大部分时间运行在11倍到15倍之间。也就是说，沪深300指数的平均市盈率低于11倍的时间或高于15倍的时间都不长，这将为后面制订定投策略提供支持。

定投变动区域划分	
沪深300指数平均市盈率高于20倍	停止定投
沪深300指数平均市盈率高于15倍	基准定投额×50%
沪深300指数平均市盈率低于15倍但高于11倍	基准定投额
沪深300指数平均市盈率低于11倍	基准定投额×200%

案例解读

假如某投资者利用市盈率定投策略动态调整定投额度。若其设置的基准定投额度为1000元，那么，当沪深300指数的平均市盈率达到15倍以上时，则需将定投额度缩减为500元；反之，若沪深300指数的平均市盈率低于11倍时，则需将定投额度放大至2000元。

投资者可根据个人偏好和资金情况，选择参照指标或基金作为操作对象，同时，基准定投额也可以根据个人实际情况设定。

优化建议

- 市盈率波动区间的划分并非一成不变。投资者可根据市场环境的变化，对波动区间进行调整，并相对应地对定投策略进行改进。
  没有什么是不可改变的。一波大牛市来临，沪深300指数的市盈率达到30倍也是有可能的，关键是投资者要学会变通和调整。
- 从指数选择上，应该尽量以沪深300指数等宽基指数作为投资对象。若想选择窄基指数，则需考虑该指数当前所处的位置，一般选择指数点位处于低位的，市盈率同步较低的为宜。窄基指数定投绝对不能追高。

四、定投优化策略——价值平均策略

工具概述

定投并非全部都是按照一成不变的金额、节奏进行投资，有时候也可以适当地对定投系统进行完善，以期实现更高的收益。

价值平均定投是由美国经济学家迈克尔·埃德尔森（Michael Edelsen）在20世纪90年代提出的，且被证明效果优于普通定投的一种策略。

工具解读

从字面上看，价值平均策略是以市值固定增加额作为定投依据的定投策略。即无论市场如何变化，都将每期固定增加一定量的市值作为标准。若市场下行，则增加定投额；反之，若市场上行，则减少定投额，甚至取出一定的基金份额。

案例分析

某投资者想要进行基金定投，且按照价值平均策略进行。那么，假如第一个月启动定投时，基金净值为1元，定投金额为1000元，则市值也为1000元（不考虑费用）；第二个月市场下行，基金净值为0.9元，则为了将市值提升为2000元，该投资者就不能再投资1000元了，而应该投资1100元，获得1222的基金份额。此时，基金的总份额为2222，市值约为2000元。若市场大幅上涨，该投资者可取出部分份额，以维持市值的匀速增加。

价值平均定投数据示例

次数	基金净值	目标市值	当期市值	买入金额	买入份额	累计份额
1	1	1000	—	1000	1000	1000
2	0.9	2000	900	1100	1222.22	2222.22
3	0.8	3000	1777.78	1222.22	1527.78	3750
4	1	4000	3750	250	250	4000
5	1.3	5000	5200	−200	−153.85	3846.15

案例解读

从上表数据可以看出以下几点。

第一，随着市场的波动，为了维持市值的稳定增长，投入的金额也会出现波动。

第二，在市场上升期，每期投入的金额明显减少，甚至可能需要取出一部分基金份额，以确保基金市场“不过量”增长。其实，这也是该策略最显著的特点。

第三，该策略与“低买高卖”策略相近，可以有效地应对市场的波动，确保投资收益稳定增长。

策略分析

- 牛市时超额资金的退出，容易让投资者错失很多收益，同时这部分退出的资金，也面临重新选择投资方向的问题。
- 市场一旦高位反转，也面临与普通定投相似的被套于高位的命运，而且按照投资计划，很可能还会继续投资，继续亏损。
- 市场进入熊市期间，随着市值的走低，需要持续加大资金投入，这可能会对整个资金安排产生较大的影响。

优化建议

- 牛市初期，可适当上浮基金市值的目标值，努力提升盈利能力。
- 市场进入高位且出现明显的反转时，应建立止盈机制。
- 该策略在振荡市场效果较佳，可长期坚守。同时，鉴于A股市场的特点，又以振荡市居多，因此，只要市场没有进入疯牛行情，就可以严格按照此策略执行。

五、定投优化策略——急速偏离增投

工具概述

急速偏离增投也是一种常用的定投优化策略。

急速偏离增投是在普通定投基础上，针对市场大幅下行而进行的一种应急定投措施。只有当市场出现大幅下跌时（如跌幅超过 10%、20% 时）增加一次定投金额，其他时间（包括市场上行）不再增加或减少定投金额。

工具解读

急速偏离增投实质上是对普通定投的一种修补。一般只在市场大幅下跌时翻倍定投一次；若再度下跌一定比率，再次翻倍定投一次。其他时间均按普通定投执行。

案例分析

某投资者想要进行基金定投，且按照急速偏离增投策略进行。假如第一个月启动定投时，基金净值为1元，定投金额为1000元；此后市场出现了大幅下跌，其亏损超过了10%，则进行翻倍增投，即2000元；接着市场又再度下跌，亏损幅度超过20%，则需要再度进行翻倍增投，即4000元。此后，若市场反弹，跌幅缩小至8%，而后又跌破了10%的增投线，也不再进行增投，只是按照原定投额度进行定投即可。

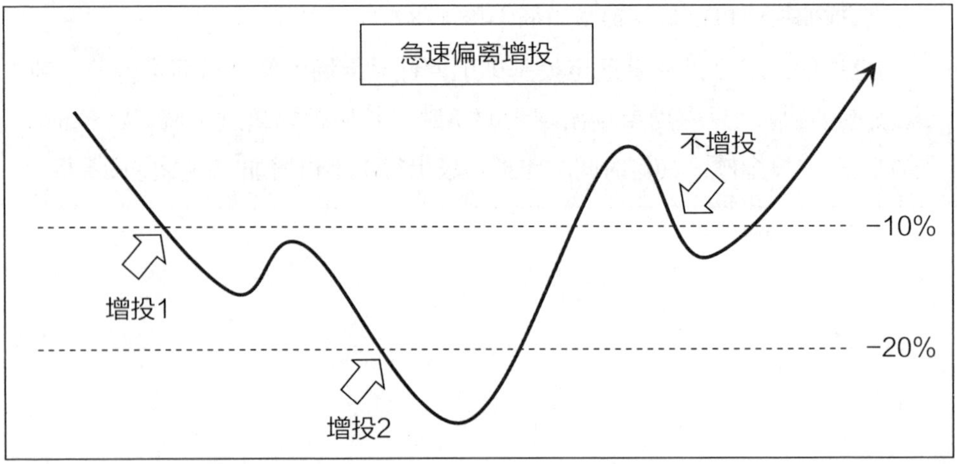

急速偏离增投数据示例

次数	基金净值	买入金额	买入份额	累计份额	累计市值
1	1	1000	1000	1000	1000
2	0.95	1000	1053	2053	1950.35
3	0.85	2000	2353	4406	3745.1
4	0.82	1000	1219.5	5625.5	4612.9
5	0.7	4000	5714.3	11339.8	7937.86
6	0.88	1000	1136.4	12476.2	10979
7	0.72	1000	1388.9	13865.1	9982.87

案例解读

从上表数据可以看出以下几点。

第一，该策略并非简单的市场下行增加定投金额，而是在市场跌破警戒线时，一次性增加定投金额，而后又恢复原来的定投金额。

第二，市场出现反复，如下行20%以上后反弹，至10%以内，再度回到-10%警戒线以下时，不再增加定投，因为之前已经增加了一次。此后若想增加定投，只能等到市场跌破-30%阈值才可以。

策略分析

- 此策略适合资金比较充裕者。若浮亏超过40%，则意味着定投额度将达到初始定投额的16倍，这需要强大的资金作支持。
- 该策略在底部区域一次性增投数额较多，因而，当市场反弹时往往很快能够恢复到成本线以上。
- 该策略较适合宽基指数基金，即从大的方向上来看，未来振荡上升的概率较大，能够与经济发展保持一致。

第六章
资产配置与投资规划工具

第一节　资产配置工具

工具概述

中国有句古话：吃不穷，喝不穷，算计不到就受穷。这里的“算计”就是“计划、规划”的意思。在家庭与个人资产配置方面更是如此。没有很好的资产配置规划，就可能造成投资损失，让本该获得的收益白白流失了。

工具解读

怎么配置资产才算合理?

未来?

收益?

流动性?

应急需要?

……

第一，考虑当前需求。

第二，考虑未来需求。

第三，兼顾收益与流动性。

第四，考虑投资安全。

一、标准普尔家庭资产四象限图

工具概述

理财是建立在对个人资产有效规划的基础之上的。个人的资产全部用来投资或者全部用来做定存都是不明智的。因此，标准普尔公司总结出家庭资产用途四象限。

工具解读

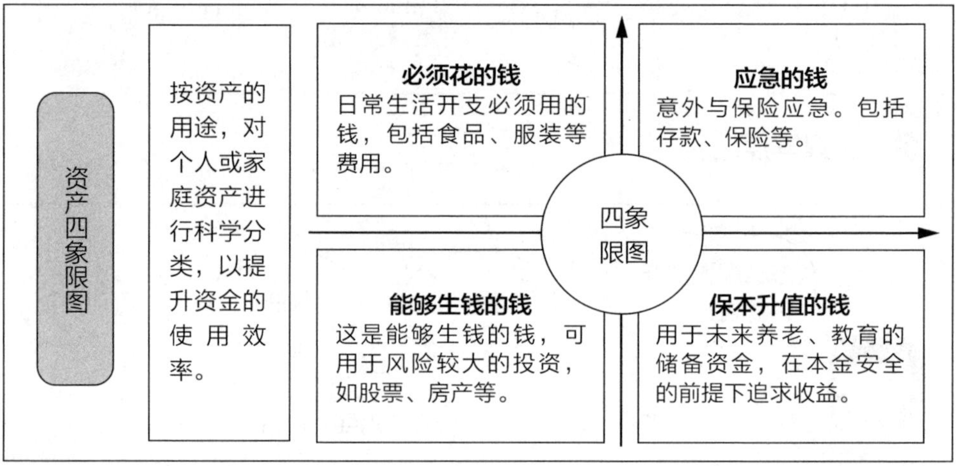

必须花的钱	10%～20%	这部分资产占个人或家庭资产的比例是有所不同的。一方面，个人或家庭收入差距很大，支出情况差异也很大。比如，很多家庭有房贷、车贷的话，这部分资金的占比就会比较高。一般要准备6个月左右的家庭开支资金。当然，这里的占比是扣掉必须还的贷款之后的部分，主要以食品、服装、住、行、旅游、孩子教育等费用为主。
应急的钱	20%～30%	这部分资金属于日常储备资金，是用于突发性事件而不得不拿出的钱。这部分资金要求必须能够在突发事件出现时满足需求，因此存款与保险结合是一个好的选择。毕竟保险产品本身就具备以小博大的特点，通过少额的保险费用，满足风险防控需求也是一种不错的选择。

保本升值的钱	40%	这部分资产应该是占据个人或家庭资产最大的一部分，是为将来做的长远谋划。能保本，能升值，是这部分资产最典型的要求。因此，一些债券型基金、国债产品等都是较为理想的选择。这部分钱是不能被随意取用的。
能生钱的钱	20%～30%	这部分资产是以追求投资收益最大化为目标的，因而也是可以承受相对较高的风险的。一般来说，这部分资产不应超过家庭可利用资产的20%，毕竟有较高的风险。 投资者可利用该项资产进行股票、期货、股票型基金，甚至房产、黄金等项目的投资。当然，所有的投资范围都应该是自己熟悉或了解的。

案例分析

资产四象限分配案例

小宋在一家收入不算高，但非常稳定的企业上班。结婚时，家里给了一些“嫁妆”，加上自己这些年挣的钱和老公的收入，也有了一笔不小的积蓄，达到了100万元。

但是到底该如何分配这些资金，她一直没有好的方式。目前，家庭每月开支在5000元左右。因为考虑到以后孩子的教育需求，她想拿出一部分资金来做投资。

案例解读

上述案例中的情况，就可以应用标准普尔四象限分配法进行合理的规划。

第一类，必须花的钱。计算家庭月度开支情况，包括衣食住行方方面面的开支。月度支出按5000元计算，6个月的支出应该是3万元左右。用5万元到10万元来应付各类突然支出，这部分支出不会超过总资产的10%，存在支付宝、微信零钱通等即可。

第二类，应急的钱。鉴于小宋工作稳定，各方面保障都相对较好，因此，这部分资金贴近下限即可，也就是说，准备20万元左右的资金，以保险产品为主，如意外险、重疾险、寿险、医疗险等。

案例解读	第三类，能生钱的钱。这是可以用于高风险、高收益品种投资的资金。鉴于小宋对理财或投资知识了解有限，因而可以选择一些基金产品，比如指数基金产品、超级绩优股等属于较为理想的选择。鉴于其工作相对稳定，可以拿出30%的资金投入该类资产。 第四类，保本升值的钱。考虑到孩子以后的教育需求，为孩子准备长期教育储蓄资金比较明智。这部分资金可占资产总额的40%。投资品种以教育险、年金险、国债、债券基金为主。

家庭资产配置图

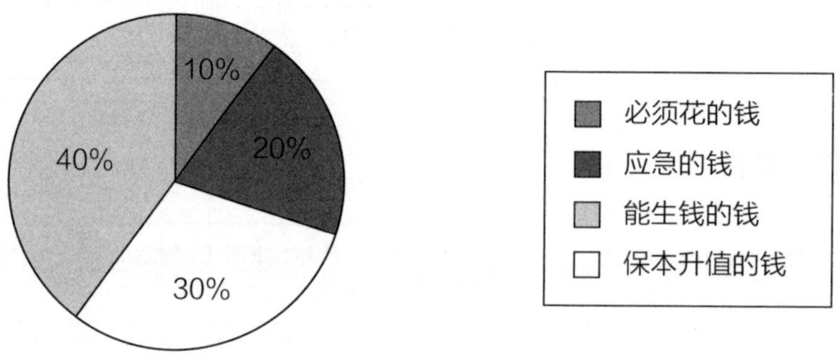

二、资产配置金字塔

工具概述

家庭与个人理财过程中，合理的风险资产配置有助于实现资金的快速增值，但也会让资产面临一定的风险。

金字塔式资产配置，就是为了合理规划资产配置而设计的。

工具解读

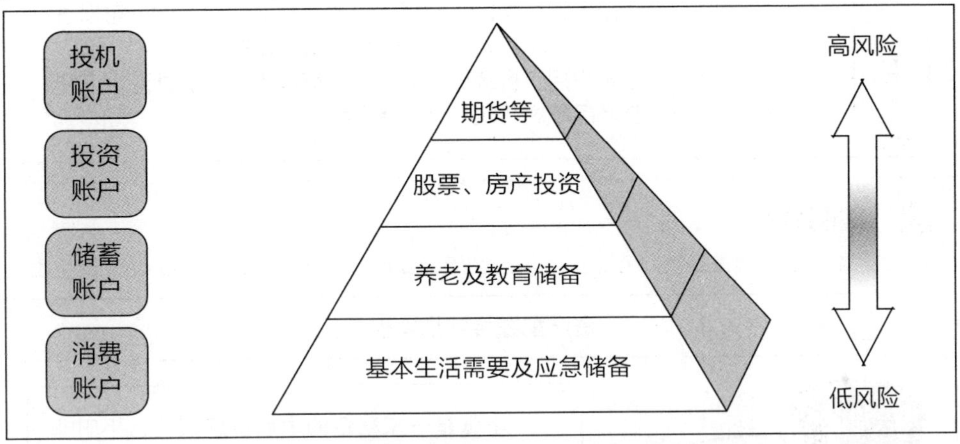

消费账户	20%～30%	该账户主要应对家庭日常支出以及突发性事件。该账户资金需要随时能拿出来，而不会受到任何损失。这部分资金以流动性为最主要需求。在满足流动性要求的前提下，以追求收益最大化为目标。活期存款、货币基金、保险产品为主要投资品种。 比如，支付宝、微信零钱通、京东小金库等货币基金产品都是不错的选择。能够灵活取用的其他货币基金也是可选标的。另外，还需配置一定的保险产品，以达到以小博大的效果。
储蓄账户	40%	该账户设置的目标是为了满足一定的特殊需求，如养老、教育，甚至单纯的家庭战略储备需求等。因此，该账户以保值、增值为主要目标。本金安全为第一需求，其次为增值。 大额存单、中长期定期存款、国债产品、债券基金等都是不错的选择。
投资账户	25%～30%	该账户主要承担家庭资产增值的目标。是能够拿来长期投资的资产，比如三年、五年不用的资金。该资产可以用于投资风险相对较高的品种，如股票、基金、房产等。 根据资金规模和个人所掌握的投资理财知识选择合适的投资标的。对于投资小白来说，基金，特别是指数型基金是比较理想的选择。

投机账户	0%～10%	该账户并非所有人或家庭都要设置。只有特殊需求或者有一定闲钱，同时还对相关投资品种比较熟悉的，可以进行操作。但尽管如此，其资金占比也要控制好。 该账户用于挑战更高的收益，可以用于投资外汇、期货、艺术品等高风险、高收益品种。

案例分析

资产配置金字塔案例

小张是一家私企的中层管理人员，平时非常喜欢学习一些理财知识，对股票、基金，甚至期货都有所涉猎，可以说是一位经验丰富的老股民了。家庭可用的流动资产也达到了200万元的规模。

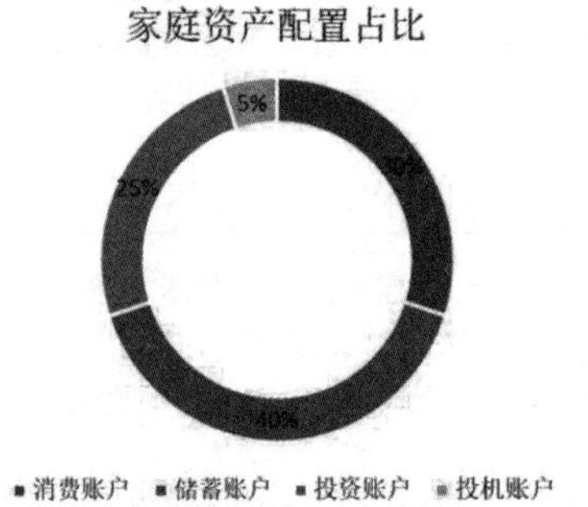

从左侧的资产配置图可见，小张的资产配置还是非常稳妥的。尽管个人对股票、期货等投资品种较为熟悉，但投资账户的占比仅为25%，投机账户仅为5%。说明他不仅在追求资产的快速升值，也在防控风险。储蓄账户仍是最大的比重。消费账户占比30%，覆盖了家庭的日常支出，也包括应对突发性事件的支出。

三、美林时钟

工具概述

美林投资时钟（简称美林时钟）是美国著名投资银行美林公司首创的一种分析方法，这种方法把资产价格轮动与经济周期有机结合起来，是一个实用的大类资产配置分析工具。

工具解读

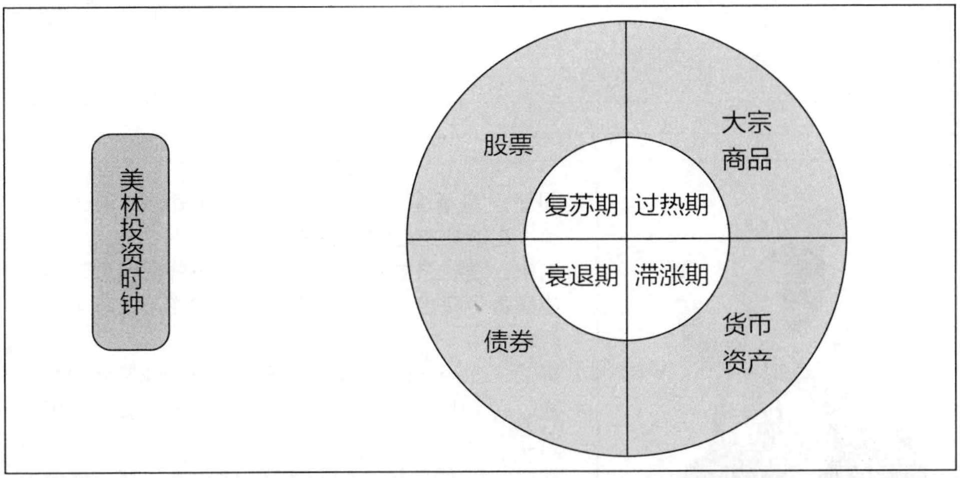

经济运行周期

- 复苏：经济上行，通胀下行。经济开始全面反弹，股票类资产往往会有非常好的表现。
- 过热：经济上行，通胀上行。经济基本面全面向好，大宗商品价格持续走高，股票仍旧具有较佳的配置价值。
- 滞涨：经济下行，通胀上行。投资过度开始显现，经济增长之力，股票、债券、大宗商品资产价格走低，现金资产优势凸显。
- 衰退：经济下行，通胀下行。各类刺激经济的政策开始出现，存贷款利率走低，债券以及债券基金收益走高。

资产收益率解读

- 复苏期：股票 > 债券 > 大宗商品 > 现金
- 过热期：大宗商品 > 股票 > 现金 / 债券
- 滞涨期：现金 > 大宗商品 / 债券 > 股票
- 衰退期：债券 > 现金 > 股票 > 大宗商品

案例分析

美林时钟在基金投资布局方面，到底有哪些作用呢？这是很多基金投资者比较关心的一个问题。

即使投资基金，若能学会美林投资时钟这一工具，也能让自己的投资收益倍增。
首先，在经济复苏期，优先选择一些股票型基金或指数型基金，减少债券型基金和货币型基金的配置。
第二，在经济过热期，需要减少债券型基金的配置，保留股票型基金，并加大货币型基金的配置。
第三，在经济进入滞涨期后，大幅减少甚至清仓股票型基金，加大货币型基金。
第四，在衰退期，加大债券型基金的配置，保留一定的货币型基金仓位，减少甚至不建立股票型基金仓位。

第二节　基金配置规划工具

工具概述

不同类型的基金，其收益与所面临的风险是完全不同的。因此，合理的基金投资配置规划，就是在防控风险的前提下，实现资金收益的提升。个人所能接受的风险，永远与收益成正比。

工具解读

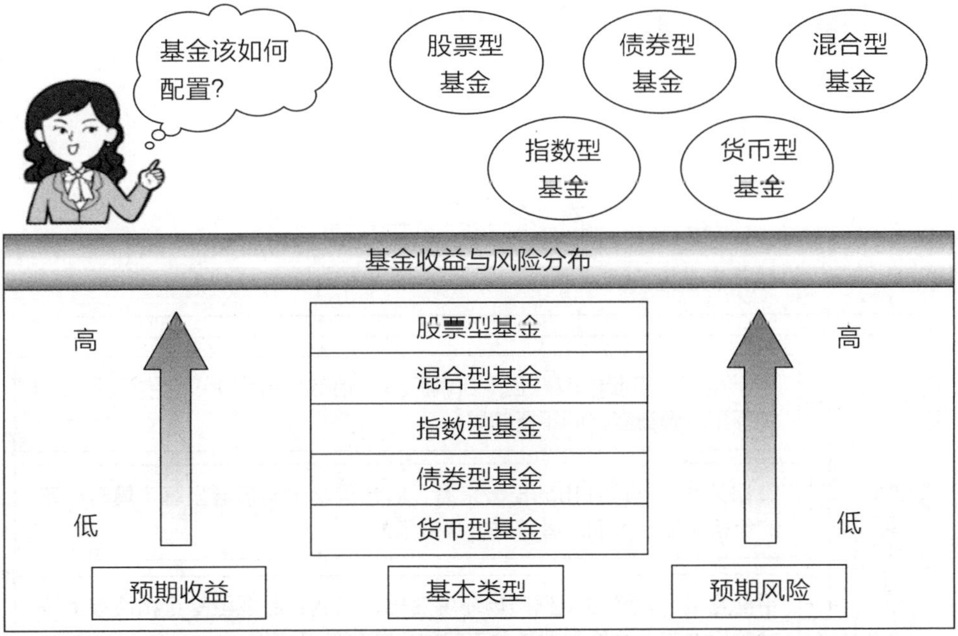

解读	针对不同的基金类型，市场和投资者都会有不同的预期。预期收益最高，并不意味着收益就一定会最高，只是理论上可能达到很高的水平，当然，这类预期收益高的基金品种，预期风险也非常高。这就是风险与收益的对应关系。 基金配置规划，实质上就是根据投资者的需求，让收益与风险平衡。

一、稳健组合：股票型基金+债券型基金+货币型基金

工具概述

稳健组合，即通过相对平衡的投资分布，力求让自己的投资在合理控制风险的前提下，能够获得稳步增长。

在基金投资中，稳健的投资组合是通过分散投资、降低风险来实现的。

工具解读

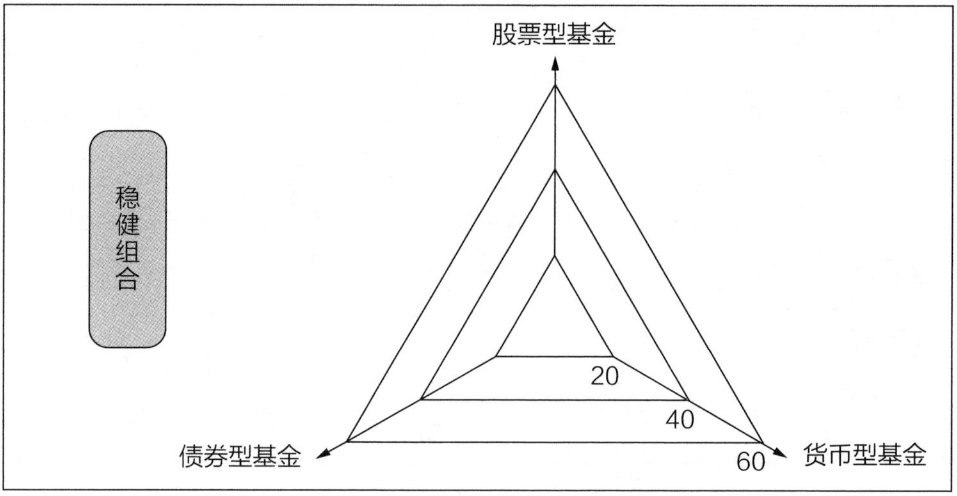

组合特征

- 平衡投资。在股票型基金（含偏股型、指数型基金）、债券型基金和货币型基金三者之间平衡布局。
- 负相关性。从以往市场走势来看，股票型基金与债券型基金具有一定的负相关性，因而二者可进行高低搭配。
- 平衡仓位。投资者根据市场环境变化，以调整股票型基金和债券型基金仓位为主，而货币型基金主要起平衡仓位的作用。
- 控制上限。投资者可根据市场环境调整各类基金占比，但上限不超过60%。

案例分析

稳健组合投资案例

小张属于典型的保守型投资者，尽管也希望在牛市时放大收益，但还是觉得应该控制一下风险。

为此，他设计了一个相对保险的投资组合，即通过股票型基金、债券型基金和货币型基金搭配来实现稳健盈利。

在2020年到2021年的小牛市期间，小张加大了股票型基金的配置力度，压缩债券型基金和货币型基金的仓位。具体持仓情况如右图所示。

为了分散风险，小张选择了3只股票型基金，最终一年多的时间里，总收益率超过了20%；同期的债券型基金收益率不足5%；货币型基金收益率为2.2%。总收益率为：

收益率=20%×60%+5%×30%+10%×2.2%

=13.72%

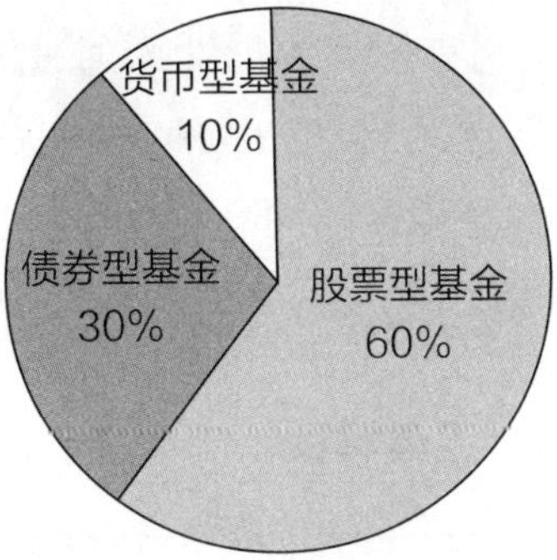

在2021年到2022年的小熊市期间，小张减少了股票型基金的配置，增加了债券型基金和货币型基金的配置，如右图所示。

最终一年多的时间里，股票型基金收益率为-25%；同期的债券型基金收益率不足8%；货币型基金的收益率为2.2%。总收益率为：

收益率=-25%×20%+8%×60%+2.2%×20%

=0.24%

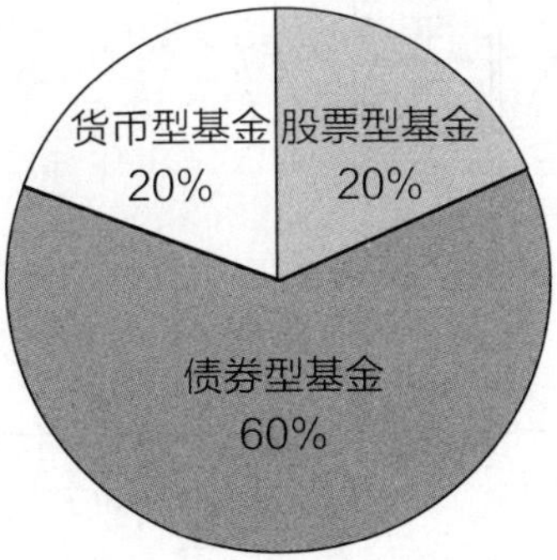

组合综述	从以上案例可以发现这样几点。 第一，通过动态调整各类基金所占的仓位，可以在市场进入牛市时极大地提高收益幅度；而在熊市时可以减少损失，甚至能够实现保本。 第二，小张在市场走熊时，将股票型基金的仓位从60%降至20%，这也促成了在股票型基金亏损幅度超过之前上涨幅度的前提下，还能通过投资组合实现盈利（0.24%），尽管这一盈利数字很低，但在市场下行期也是十分难得的。

二、平衡风险组合：大盘指数+单只基金

工具概述

平衡风险组合，即通过相对平衡的投资分布，力求让自己的投资在合理控制风险的前提下，能够获得稳步增长。

该组合以大盘指数基金为核心，以单只股票型基金或分类指数型基金为辅。

工具解读

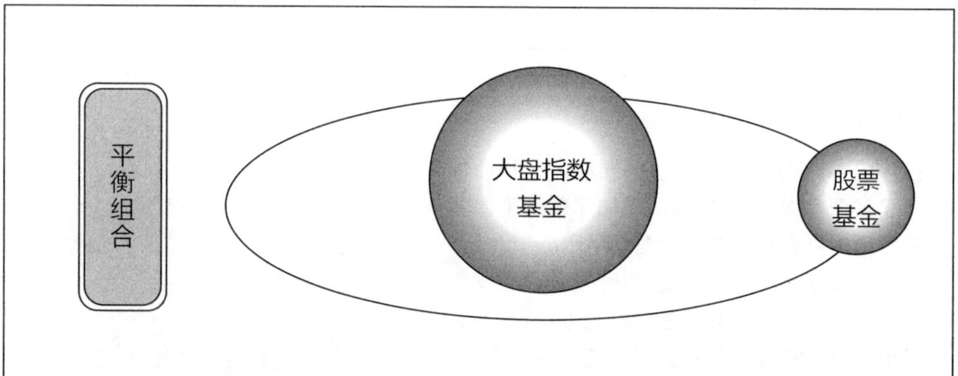

组合特征

- 主次分明。该组合是以大盘指数基金为核心的投资组合（占比80%），另外一只基金为辅助基金品种（20%）。
- 两类品种的组合，核心品种用于平衡风险，追求平均收益；另一品种则以追求更高的收益为目标。
- 该组合也可以根据需要进行推演。比如将其设置为某一宽基指数基金+某一混合基金的形式。
- 核心指数基金与另外的基金品种应该具有较少的关联性。比如，大盘指数受金融股影响较大，那么单只基金就不适合再选取金融类股票占较大仓位的基金。

案例分析

平衡风险组合投资案例

小宋属于小有经验的基金投资者，这些年来一直利用业余时间研究基金走势。其间也考虑直接操作股票，但每天需要上班，没有很多时间盯盘。

他比较看好A股市场长期发展。在具体投资时，小宋的风格偏保守，80%的资金买入了沪深300指数基金，另外20%则买入了科创50指数基金。

案例解读

从小宋对投资标的的选择可以看出以下几点。

第一，以沪深300指数作为核心标的，其实就是选择了坚定看好整个中国股市，毕竟沪深300指数是由沪深两市中的优质股票组成的，其80%的权重配置就是要获得A股市场的平均收益。

第二，将科创50指数作为辅助品种，通常是基于国家对相关产业支持、扶持以及科技产业未来发展角度考虑的。毕竟未来的大国竞争，很大程度上就是科技的竞争。当然，科创板的波动远比主板大得多。

第三，科创50指数本质上也是一只宽基指数基金。也就是说，小宋最终选取的两只基金都属于宽基指数基金，这是一种比较中性的保守打法，并未采取任何激进措施。

组合特征

- 核心标的占据绝大多数仓位，其走势对整个投资收益的影响非常大，因而，一般以宽基指数为宜，其中沪深300指数最佳。
- 辅助标的是投资者用来平衡投资收益或者追求高投资收益的一个选择，因此，一些优秀的基金品种都可以列入备选方向。
- 从以往的经验来看，消费板块、科创板块、医药板块等行业板块的基金更容易成为辅助标的的候选标的。

三、稳中求进组合：指数型基金+灵活配置基金

工具概述

稳中求进组合就是力求通过指数基金稳定个人投资，防控风险，并通过灵活配置基金争取更高的收益。

一般来说，灵活配置基金仓位占比不超过 40%，可以不止一只。

工具解读

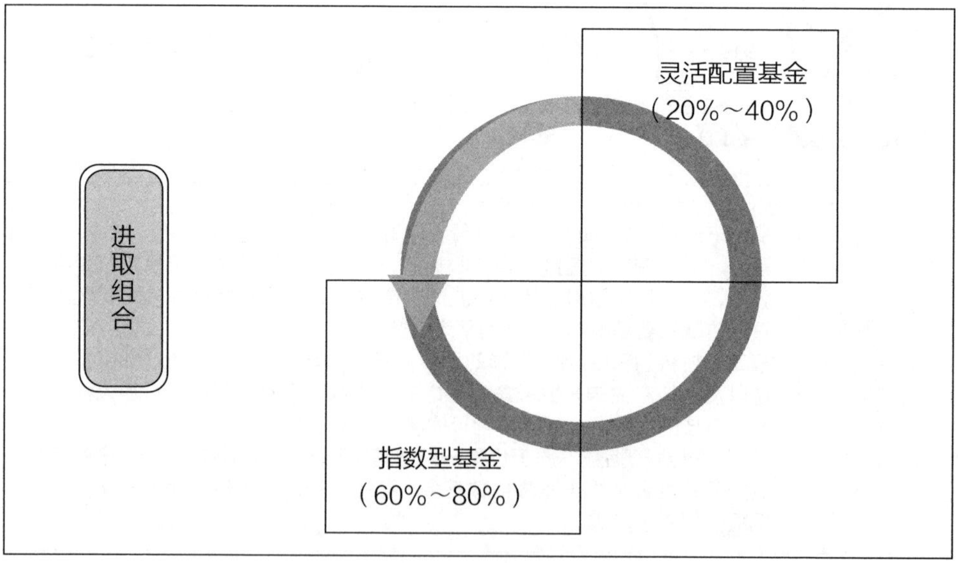

组合特征

- 该组合通过宽基指数基金和个别灵活配置基金的组合，在强化稳定基础的同时，追求利润的最大化。
- 宽基指数基金以沪深300指数为代表，目的在于获得市场平均的涨幅，而灵活配置基金则是努力达到超越平均收益的水平。
- 灵活配置基金也可以换成混合基金或股票型基金等，且可以选择多只基金，以防踏空行情。
- 若选择多只灵活配置基金，则需考虑基金之间的相关性问题，尽量避免选择同类基金。

案例分析

稳中求进组合投资案例

小李是一个小有经验的投资者，经过几年的投资实战，结合自己的实际情况，他将投资重心全部转移到了基金方面。

他总结出了一套自己的基金组合策略。比如，在正常市场行情中（非单边牛市或熊市），将资金的60%布局在沪深300指数基金里，另外40%分别又投了两只基金，每只基金占总仓位的20%。而且这两只基金会定期更换，以热点基金或低估值基金为主。

案例解读

从小李对投资标的的选择可以看出以下几点。

第一，以沪深300指数作为自己的压仓基石，这是先求稳定的一种策略。

第二，选择的灵活配置基金共2只，且会根据市场行情进行轮换，这要求投资者对市场具有较强的感知力，能够及时捕捉市场的轮动。当然，这对投资者是一个较高的要求。

第三，灵活配置基金本身也是一种混合型基金，其对股票、债券的配置是没有固定标准的。这也使得这类基金的管理者可以针对行情的变化及时调整仓位。这对基金管理者的要求较高，因此，投资者在选择基金时，需要仔细筛选基金经理。

操作建议

- 指数基金的选择。这是投资的基石，一般以宽基指数基金为宜，如沪深300指数、上证50指数、科创50指数等。
  投资风格较为激进的投资者可选择单行业指数基金，如消费指数基金、证券行业指数基金等。
- 辅助标的的选择。辅助标的是投资者用来追求高收益的一个选项，因而一些优质基金品种、有明星基金经理坐镇的基金品种都可以成为备选标的。
  一些属于市场投资主线的基金品种也可以作为备选基金。

四、二八轮动组合：大盘指数+中小盘指数

工具概述

股价上行是由资金推动的，而市场资金又是有限的。当市场资金集中于大盘股时，中小盘股很可能会出现下跌态势；反之，当市场资金集中于中小盘股时，大盘股走势就会受到影响。

工具解读

所谓“二”，代表的是占市场股票总数20%的大盘股。
这类股票虽然数量少，但盘子很大，对整个市场指数走势影响非常大。

所谓“八”，代表的是占市场股票总数80%的中小盘股。
这类股票虽然数量多，但盘子相对较小，对整个市场指数走势影响相对要小一些。

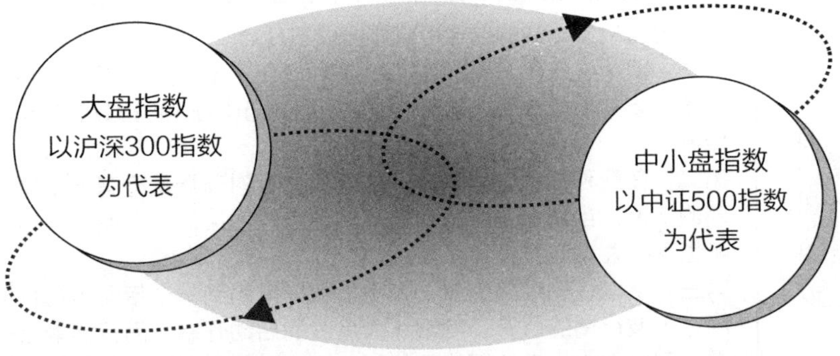

组合特征

- 该投资策略并没有对两类指数基金的仓位有任何限制，可以全部投资大盘指数，也可以全部投资中小盘指数。
- 投资者需要对市场环境有一个清晰的认识，即大盘走强时，将投资标的锁定在大盘指数，即沪深300指数上；中小盘走强时，可将投资标的锁定在中小盘指数，即中证500指数上。
- 通常来说，在整个市场呈现振荡上行时，中证500指数的走势会强于沪深300指数；反之，在下行趋势中，沪深300指数要比中证500更抗跌。
- 投资者可以直接对比沪深300指数和中证500指数的K线走势图，来观察二者走势的强弱。

案例分析

二八轮动组合投资案例

小史是一家企业的中层管理者，平时工作比较忙，没有时间研究股市，同时他也比较看好A股后期的走势。因此，他选择了一种比较中性的投资策略，即将自己的资金在大盘股和中小盘股之间切换。

大盘走强时，将全部资金投资于沪深300指数，当沪深300指数到达高位滞涨后，再转而投向中证500指数。

案例解读	从小史对投资标的的选择可以看出以下几点。 第一，整个投资在沪深300指数和中证500指数之间切换，整体上还是追求市场的平均收益。毕竟沪深300指数与中证500指数的走势是比较接近的。 第二，在两种指数之间切换，需要投资者对市场走势有一个清晰而准确的认识。当然，由于二者之间的走势较为接近，即使切换错误，影响也不会太大。 第三，从以往的经验来看，大盘指数常常起到一个带动市场行情的作用。一波行情的展开，常常从大盘股的启动开始，而行情能否持续下去，则要看中小盘股票能否顺利接棒。因此，在市场由弱转强时投资大盘指数，而后再切换至中小盘指数，是不错的选择。
操作建议	多数情况下，二八轮动所选的指数为沪深300指数和中证500指数，投资者也可以用上证50指数、科创50指数替换。总之，这与投资者个人的投资偏好与知识储备有关。只有投资者的知识、能力达到这个水平，才可以这样操作。 投资者在运用该策略时，也可以选择平衡持仓策略，即大盘指数和中小盘指数各持仓50%，或者根据市场变动情况，增减相应仓位。

五、不亏钱基金组合：固收+产品

工具概述

从理论上来说，在投资市场上并没有所谓的永不亏钱的情况。但投资者通过科学、合理的投资规划，做好股票、债券的投资分布，可以在某种程度上创造出一个“不亏钱基金组合”。

工具解读

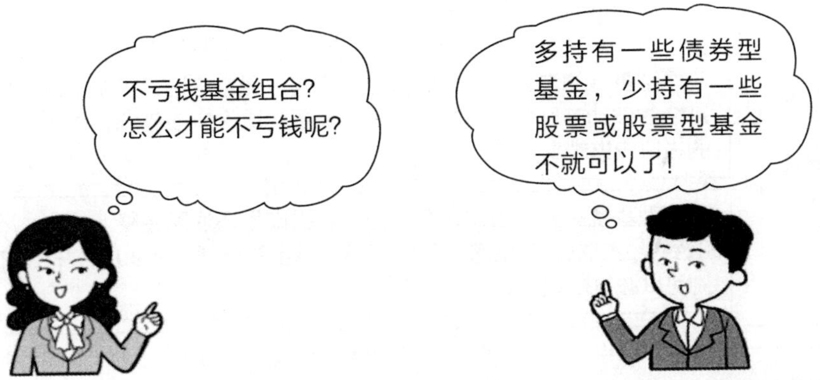

运行原理	从理论上来说，债券型基金也可能会出现亏损，但在绝大多数情况下，长期持有债券型基金是不会亏损的。而且债券型基金在大多数的时间里都可能实现3%到5%的收益，个别基金可能会更高。 而股票型或偏股型基金虽然可能获得百分之几十的收益，但也存在同样幅度亏损的可能。因此，将大多数资金投资于债券型基金（比如90%），再将剩余资金投资于股票型基金（比如10%），无疑可以在确保本金的前提下，实现较高的收益。 假如，投资债券型基金的资产获得4%的收益，而投资股票型基金的资产收益为-20%，那么，其具体的收益如下： 总收益=90%×4%+10%×（-20%） =3.6%-2% =1.6%

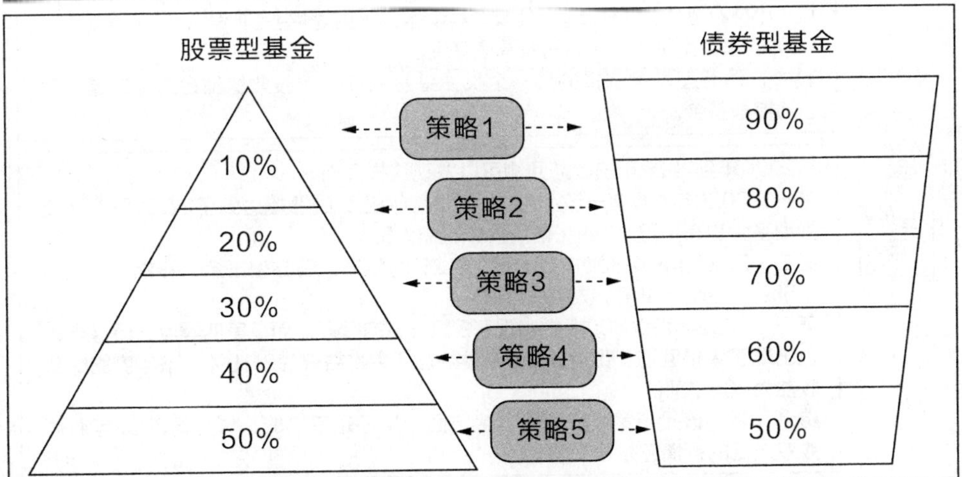

组合特征

- 固收+组合的形式多种多样，总体上来说，债券型基金一般占比要超过50%。债券型基金占比过低，则难以实现固收的目标。
- 股票型基金的选择也是需要考虑的方向。通常来说，股票型或偏股型基金的波动越剧烈，风险越大，所配置的比例应该越低，债券型基金的占比应该越高。
- 债券型基金配置的占比，可以因人、因市场环境而调整。总之，风险承受能力低的投资者可以增大债券型基金的配置（如90%）；反之，则可以减少配置（如70%、60%）。

案例分析

不亏钱基金组合投资案例

小林是一个典型的保守型投资者，极度厌恶亏损。宁可少赚，甚至不赚都可以，但不能出现亏损，特别是较大的亏损。
为此，他的一个专门做投资的朋友为其设计了一款取名为不亏钱的基金投资组合。

案例解读

鉴于小林不愿意接受亏损，其朋友为其设计的基金投资组合非常简单，方案如下。
90%的债券型基金+10%的股票型基金。
其中，债券型基金选择的是一个长债基金品种，而股票型基金选择的是沪深300指数基金。

从2020年到2022年的收益回测可以发现这样几点。
第一，2020年A股有一波小牛市，沪深300指数的涨幅达到了27.21%，而债券型基金也有将近4%的涨幅。整体收益为6.3%。
第二，2021年沪深300指数出现了5.2%的亏损，债券型基金的涨幅几乎达到了5%，该组合的整体收益为3.98%。
第三，2022年沪深300指数出现了21.63%的亏损，而在第四季度，债券市场也出现了大幅回撤，致使2022年债券型基金收益仅为2.10%。该年度的综合收益为-0.273%
综合来看，该投资策略在稳定本金方面效果还是不错的，毕竟像2022年股债双双走低的行情还是很少的。

操作建议

- 通常来说，股票市场的走势与债券市场呈负相关关系，即股市上行时，债券收益率就会走低；反之亦然。
- 投资者可以根据个人风险承受能力，适当增加股票型基金的持仓占比。毕竟我们的投资还是以盈利为核心诉求的，而不仅仅是不亏损。若股票型基金持仓占比过低，即使遇到牛市，收益也很难提升。因此，股债“二八”“三七”配比都是可以考虑的。
- 鉴于大部分仓位都购入了债券型基金，因此，股票型基金也可以选择波动更大的窄基指数基金或灵活配置基金。